玉中瑰宝

清代至当代玉器精品集萃

◉ 于 明 主编

科学出版社

北 京

内容简介

本书主要是清代至当代玉器精品的集萃。本书的特色是对当代玉器的几个主要地区的玉器做了流派研究，每个流派的玉器作品有大量图片展示，并对各个流派的重点器物进行了深入分析，这在国内尚属首次。本书是玉器研究者、爱好者及相关艺术品研究与收藏领域人员的必备工具书。

图书在版编目（CIP）数据

玉中瑰宝：清代至当代玉器精品集萃 / 于明主编. --北京：科学出版社，2013. 8

ISBN 978-7-03-038243-6

Ⅰ.①玉… Ⅱ.①于… Ⅲ.①玉器-中国-图集 Ⅳ.①K876. 82

中国版本图书馆CIP数据核字（2013）第176675号

责任编辑：孙 莉/责任印制：赵德静

封面设计：陈平贺

科学出版社 出版

北京东黄城根北街16号

邮政编码：100717

http://www.sciencep.com

文物出版社印刷厂印刷

科学出版社发行 各地新华书店经销

*

2013年 8 月第 一 版 开本：889 × 1194 1/16

2013年 8 月第一次印刷 印张：18

字数：400 000

定价：458.00元

（如有印装质量问题，我社负责调换）

《玉中瑰宝—清代至当代玉器精品集萃》

编 委 会

图文制作：北京辉煌前程图书公司（www.hhqcbook.com）

目录

绪　言

清代玉器

清代玉器佳作赏析

目 录

目录

目 录

目 录

绪 言

当代和田玉器面面观

□于 明

一、当代和田玉器材料观

玉器材料就是人们用于制作玉器的石头，但这些石头不是简单的石头，而是符合中国人特有文化理念的特殊石头——玉。在当代艺术品中，其材料本身即具美质的，莫过于玉器。将玉视为天下至美之材的观念，是构筑中国玉文化的物质基础。玉，质地细腻，折光柔和，颜色鲜艳，声音美妙。玉之美，是天然的美，是永恒的美。

古人是这样解释玉的：“石之美，有五德者。”“石之美”是玉的自然属性，“有五德者”是指人们借物寓意，将玉石所具有的光泽温和、内外一致、声音清脆、质地坚韧、柔中有刚五种品质与人应具备的仁、义、智、勇、洁五种品德相比附，是玉的社会属性。

新疆和田玉是玉中精华，因出产于新疆和田地区而得名，有着玉材的所有美感，代表着中国玉器材料之美。其硬度为6.0—6.5。有山料与籽料之分。山料呈块状，产于昆仑山脉。籽料多呈鹅卵石状，表面常覆盖有红颜色的表皮，出于和田白玉、墨玉二河中。和田玉从颜色上主要可以分为白玉、黄玉、青玉、碧玉、墨玉，以白玉为贵。白玉中最佳者属“羊脂白玉”，其特点是“白、透、细、润”，是和田玉中的上品。羊脂玉多在和田籽料中产生，优质的和田籽料一般具有这样的特征：

（1）颜色纯正。即是说一块玉料的颜色大致要一致，白就是白，黑就是黑，青就是青，各种颜色不能混杂在一起。就算是黑白料，最好也是黑白分明。在各种常见颜色中，白色玉居多，但好的白玉色不是惨白，而是略带暗色有浑厚感的乳白，这是最为赏心悦目的和田玉的色之美。

（2）密度要高。这里的密度不是矿物学的密度，而是人的肉眼看起来结实致密的感觉。密度越高，凝重的感觉越好。

和田籽料

（3）油度较好。油度是一个比较抽象的说法，好像玉从内部渗出油来，这种玉看起来就有美感。

（4）略带皮色。目前来说，和田籽玉的皮色比较重要。一块籽玉没有皮色，一方面其审美特点受到影响，另一方面无法表示其真伪，其价值大打折扣。皮色以金黄为最好。

和田玉以白色为主，摆件与把玩件比较适合和田玉的质地，无论放在案头还是架上，在阳光或灯光的照耀下熠熠生辉，温润养目。单独摆放绽放华彩，即使与色彩艳丽的器物摆在一起，也不卑不亢、高贵大方，散发着独特的魅力。

和田玉之所以能成为今人眼中的美石，是因为它符合人们心中的审美标准，这个标准的形成正是基于中华民族对于玉石美丽特征的认识。和田玉具有这些美的特征：

（1）玉质美。玉料粒度细致、质地细腻、坚硬缜密，有“坚缜细腻”之美；玉料滋润光莹，柔和且有光泽，有“温润而泽”之美；玉料杂质较少，有的甚至达到无瑕的程度，有“美玉无瑕”之美。玉料的玉质之美给人的感受是凝重、温润和纯洁。

（2）玉性美。玉料硬度高、韧度强，具有很强的耐磨性，且不易破碎。玉料光透柔和，多呈半透明状，能够充分彰显玉朦胧的阴柔之美。玉料化学性质稳定，不易受酸碱的侵蚀，能够保存千万年而不朽。玉料物理性质独特，导热率低，故对冷热变化表现为惰性，适于佩戴和把玩。

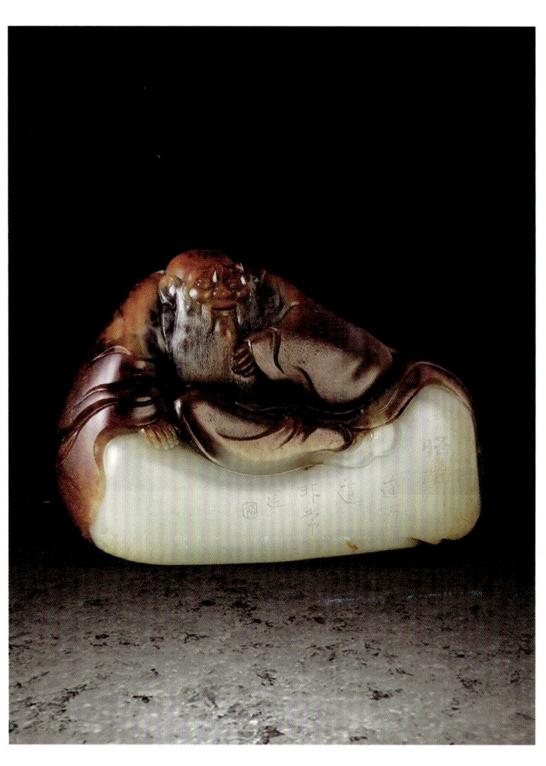

樊军民：释道

（3）玉色美。玉料由于含有不同的元素，故呈现出五彩斑斓的颜色。玉之美最直观的形态便是玉石的颜色。古人将玉的颜色描述为“黄如蒸栗，白如截脂，黑如纯漆”。另外，玉料的表皮也有许多美丽的颜色。如秋梨皮、虎皮等。不同的玉色可以表现不同的美感。如樊军民大师的《释道》，棕红色玉皮雕成高僧的面部和僧衣，备显悟道者的超然和深邃。

（4）玉音美。玉料质地细密，敲之声音远播。玉磬的声音即悠扬悦耳、清远绵长，“玉振金声”就是对玉音美的最好诠释。

正是由于具备这些自然美的特

点，使得和田玉成为珍稀难得的玉器材料。制作者要在充分尊重玉料的基础上进行艺术创作，使艺术形象的人文美与玉石的天然美融于一体。玉料的珍稀性决定了玉器在制作过程中要巧妙、合理、充分地利用原材料，达到料尽其用：

1．珍惜利用

“珍惜利用”是指在器形总体设计时，讲究用料的技巧，最大限度地利用材料。具体有这样几种方法：

（1）套料多用。这是玉器器皿件制作上的一种传统技艺，行话“掏活”。适用于做圆形器皿时，将掏出的料心再次利用。比如制作和田玉笔筒的料心，就是其他作品的优秀材料。

（2）余料妙用。做大件产品切割下来的余料、碎料还可以再次利用。当代玉雕大师的许多作品，就是利用余料制成的，比如玉镯的镯心，被制成挂件。

（3）借料活用。主要运用于器皿以及人物作品中，在不伤害主体形象、造型的情况下，从主体器物上取下可以利用的玉料，制作成链条等装饰附件，并与玉雕的主体相连接，恰到好处地活取活用。

（4）次料优用。玉料质量有好有次，大部分玉料都有脏绺，所以巧妙去脏、合理避绺就能达到次料优用的目的。如倪伟滨先生的《清者永寿》，巧妙地利用了材料的缺陷，将一块混沌之色的玉料制成层次分明的作品，是一个次料优用的经典作品。

（5）小料大用。即将一块体量小的玉料，经过加工制作，能够产生体量上较高（宽）大的效果，这就需要巧妙地利用玉料的最大外轮廓线，使作品取得“小中显大”的效果。

马进贵：文房用具（一套）

2. 善、巧利用

“善、巧利用”是指在充分利用材料的基础上，顺应材料的自然状况，充分发挥材料形色的优势，赋予玉器艺术生命力。

玉石除“形”外，玉料的“质”尤为重要。绝大部分的玉材的质地都有一些缺陷，带有不同程度的瑕疵与绺裂，琢玉施艺很大程度上是在掩饰与利用瑕、绺之间周旋。通常的做法是对“脏”“裂”进行遮掩或去除，还有一种更为巧妙的手法，那就是“改瑕为瑜”“脏”“裂”运用得当即能反瑕为美。玉料丰富的纹理结构，是玉料自然美的又一个重要特性。只要匠心独具的善用玉料，就可以表现出玉料纹理结构的自然美感。

有一些玉料在自身的主色调里还包含着其他的颜色，如白玉中含有黑、黄、灰、红等颜色，由于玉料中所含色彩的形状与体积是自然形成的，既无定型又无规律，在这种情况下，设计者通常都会考虑俏色巧雕，但这需要一定的思路和技巧。俏色运用得巧妙与否，直接关系到作品的艺术价值和经济价值。要想达到好的俏色效果，玉料基色以外的异色的运用不能太多，不能喧宾夺主，色调要纯净，不能模糊一片，其分布的形状最好与自然物象相一致。如程建中先生的《田园之音》，即是在两朵洁白的喇叭花身上以糖色巧雕出了蜻蜓、蝴蝶、甲虫、蝉、螳螂、黄雀等田园昆禽，个个栩栩如生、惟妙惟肖。

总而言之，设计师通过巧妙的设计使玉料突破原有的自然形态，最终成为美轮美奂的作品，仿佛是赋予了玉石新的生命。进一步来讲，优秀的用料境界是讲求一种出人意料的设计灵感，是一种“点石成金”的奇迹创举，给予先天不足的玉石以新的内涵和气质，帮助它最大限度地发挥出它本该有的美丽。

程建中：田园之音

二、当代和田玉器工艺观

工艺是劳动者利用生产工具对原材料、半成品进行加工或处理，最终使之成为成品的方法与过程。玉器工艺就是玉工利用制玉工具，创作玉器的方法与技巧，通常称玉器雕刻工艺。玉工创作过程的不确定性和产品的唯一性，是玉器艺术的魅力之一。

工艺美就是玉器创作的艺术美。只有将璞玉雕琢成包含民族情感与智慧的玉器，才能使玉石的美感得到充分显现，使人们感受到玉的美好，在感叹大自然的造化和玉人鬼斧神工的琢艺的同时，产生美好动人的联想，从而将其最恰如其分地使用。这样的玉器才具有无限的魅力和无比珍贵的历史、艺术、文化价值。

然而，当代的制玉工具较之古人的制玉工具已经有了巨大进步，应该说是革命性的变化。当代玉工能将玉器的制作工艺提高到新的高度，很大程度上得益于工具的进步。当代的制玉使用砂轮制玉，将解玉沙与砂轮合为一体，不再需要单独的解玉沙，动力来源也从人体动力，变成了电动，无论多难的工艺已不在话下。技术的进步极大地推动了整个中国当代玉器制作行业的进步，多少世纪以来，需要祖祖辈辈代代相传的手艺，学习、操作起来变得简单易行，更多的人通过简单的训练即能达到相当的雕工水准。工具的提高及工艺水平的发展使得当代玉工能将更多的精力和热情用于技艺创新。薄胎技术、梁链技艺、镂空技巧、俏色技法这些古代看来是高难度的玉雕工艺无一不达到了历史上的最高水准。这些高工艺水平制作出来的玉器，更加赏心悦目，这些工艺上的进步，带来了不仅是制作工艺的进步，更多的是人们充分地享受到了玉器的美轮美奂。玉器的工艺美达到了新的高度。

在当代制玉工具相差无几的情况下，玉工自身创作理念与技巧已成为当代玉器工艺美的重要因素，好的玉工能以自己的独特玉雕手法，将玉器作品的质感通过造型与纹饰表达出来，这种表达越能反映玉器本质，越能给人带来美的享受，表明其玉雕工艺越精湛。当代玉雕大师苏然、杨曦等人的玉器作品，工艺的精湛极大了增加了当代作品的美感，构成了中国玉器震撼视觉的工艺美。

当代和田玉器的工艺有这样几个特点：

（1）和谐自然。中国当代玉器发展至今，其工艺已经达到了物质形态与人文内涵的和谐统一、实用性与审美性的和谐统一、感官认识与理性规范的和谐统一、材质工技与意匠营构的和谐统一。就玉雕工艺而言，古代玉器正是人与自然有机结合的产物，从阴阳线刻的结合，到浮雕镂空的映衬，再到圆浮雕刻的交错，无不体现着天人合一、中正和谐的意境，表现了中国人对美的独特认识。当代玉雕艺术的创作过程实际上就是玉雕大师认识玉石、最大限度地发掘材料美的过程，同时也是制作者与中国几千年玉文化对话的过

苏然：天人合一璧（图片提供：博观广告）

程。所以，玉器的工艺创作本身就体现了人对自然材料和传统文化的尊重，处处都体现了中华儿女特有的和谐之美。

（2）寓意象征。中国工艺思想历来重视造物在伦理道德上的感化作用，它强调物用的感官赏心悦目与审美情感满足相联系，并且要求这种联系符合伦理道德规范。受制于强烈的伦理道德意识，中国玉器作品通常蕴含有特定的寓意。在中国古代，“君子比德于玉”的思想，把德和玉绑定，将玉与君子结缘。物质、社会、精神三合一的玉意识成为中国玉文化的思想内涵。在现代人的眼里，玉器被赋予的伦理意识虽然已经淡化，但是玉在人们心中仍然是美好、高尚的象征。同时，玉器也承载着许多佩戴者美好的心灵寄托。“玉”字的妙用也使许多人、物、事、景为之增辉生色。玉又是和平的象征，用它来投射太平盛世的美妙盛况最为贴切。鉴于玉石的这些美好象征，当代玉雕大师们的玉器制作通常都会赋予每一件作品以美好的寓意，同时反映现代社会人们的思想动态，使当代玉器作品的含义更高洁、更符合现代人的审美情趣。

（3）妙趣天成。中国工艺美术思想重视工艺材料的自然品质，主张“因材施艺”。中国的传统工艺美术在造型或者装饰上总是尊重材料的规定性，充分利用或显露材料的天生丽质。这种卓越的意匠使中国工艺造物具有自然天真、恬淡优雅的趣味和情致。由于和田白玉的珍稀难得，一般都要根据玉材的外形设计相应的玉件。如用天然鹅卵石状的籽玉来设计、制作，其造型就要迁就玉石的形状，不能随心所欲地自由发挥，这种做法可兼得材料与雕琢之美。

（4）巧夺天工。对工艺加工技术的讲求和重视是中国工艺美术的一贯传统。丰富的造物实践使工匠们注意到工巧的审美理想境界有两种：① 无刻意雕琢痕迹的浑然天成之工巧性。② 极尽工艺之绝的工巧性。对于玉雕艺术而言，首要追求的是前一种境界的工巧性。当代玉器设计是雕琢玉器的关键。一般来说，设计者往往是根据玉料的颜色、纹理和形状来设计雕琢题材。在工艺手法上，当代玉雕主要分圆雕和浮雕两大类，其实两者不能截然分开，比如有的玉雕既有立体的人物花鸟、也有浮雕的亭台楼阁，这就是圆雕和浮雕的联合施艺，其工艺往往经得起观者对其材料的利用、结构的推敲、气度的感受和韵味的咏叹等方面的评

宋建国：玉摆件

判。如在宋建国大师的这件玉摆件上，圆雕人物和浮雕山水结合的有机自然。

三、当代和田玉器器型观

玉器的器型就是玉器的形状。形，就是玉器的造型。大致有几何形、肖生形等，几何造型有多种变化，有圆、方、三角、椭圆、菱形等，有规则和不规则之分。肖生形有人物、动物和植物等。玉工们会根据不同的用途和需要，采用不同的造型。此外，玉器造型也有大小之别，小的只有几厘米，大的可达数米高。玉器的器型，对于人们感知玉器，了解玉器，热爱玉器起到了非常关键的作用。古人根据自己的需要将玉器雕刻成各种形状，来感知自然和感动自我。

当代和田玉器的造型既有对古代玉器器型的传承，也反映了新时代的文化特征。玉器器型的设计首要的是要体现玉料“温润”的特点。“温润”是由于玉料的质地和光泽的综合品质而形成的共有特性，玉料质地的透明、晶莹和细腻，体现着玉石“温和”的迷人气质，而玉料光泽的柔和及滋润，更显示出其“润泽”的光亮效果。玉，给人以温润的感受，这是从古至今中国人对玉石的主要审美感受，因此古今玉雕作品虽然有着多样的造型特点及风格特征，但皆以表现“温润”为基础，这是玉雕艺术特色的关键所在。“温润”的玉质特性所适宜表现的造型特征是：玉之“温润”，表以“圆润”。“圆润”是玉雕艺术造型特征的集中体现。

玉雕作品“圆润”特征的构成，是以玉料的“温润”特征为主导，贯穿于作品的取材、造型及表现手法等方面的综合体现。概括来讲，玉雕造型“圆润”的基本特点主要表现在：

吴德昇：俏色钟馗

其一，内敛。“圆润”的玉雕作品，其外在造型均具有“内敛”的风格特征。所谓“内敛”，是指为了达到玉雕作品的“圆润”效果，所采取的一种对作品外形向内收敛的一种处理手法，特别是对影响“圆润”效果部分细节的处理，有意地在造型处理上使其主体造型收拢，造成作品“圆润”的趋势。从玉雕造型规律分析，凡作品造型呈“外伸”态势者，大多为开放外展类作品，常以玲珑剔透的雕琢工艺来表达；凡作品造型呈“内敛”态势者，基本为内敛类作品，常

清·螭衔灵芝纹玉璧

以“圆润”的造型来表现。吴德昇大师的作品《俏色钟馗》的设计就充分地利用了和田白玉籽料的天然卵石状外形，玉石较平整的弧面被设计成钟馗微曲的身体与头顶的俏色伞相连，钟馗、折扇、小鬼、破伞均呈现出向内收缩的“圆润”态势。这样的设计手法不但保留了玉石原本的造型和天然的皮色，而且用简洁的手法表现了一个中国式写意风格的钟馗形象。这样完全依据料形的设计使玉雕造型圆满，结构严谨，繁简、虚实对比明显，人物间相互传神，充分表现了玉石的“温润”之美。

其二，浑圆。“浑圆”是玉雕“圆润”特征的重要表现手段，它是在玉雕造型“内敛”的基础上，进一步运用的“圆润”手法。“浑圆”以突出造型的圆、柔、曲、润，使作品更具温婉流畅而浑厚圆整的造型特点，避免造型的尖锐、生硬、棱角和凌厉。玉雕造型的“浑圆”类作品，在古玉中尤为典型，如这件清代《螭衔灵芝纹玉璧》，在圆形的玉璧上，雕出一只凸雕螭纹，口含灵芝。这件作品在雕琢手法上突出了“圆、柔、曲、润”，使作品造型饱满而润泽，尤其是这个动物的形象，给人以柔软的弹性感。

四、当代和田玉器纹饰观

纹饰就是物品表面装饰的图案等。玉器纹饰就是刻在玉器表面的装饰图案，人们往往将自己的愿望、追求，通过玉器上的纹饰表现出来，玉器纹饰文化内涵的深邃与制作工艺的精美直接关系到人们对美的感觉，是玉器美的灵魂。唐代以后，玉器纹饰开始成为玉器本身装饰美的组成部分，人们开始追求华美、精致的装饰风格，多以写实的手法来表现玉器纹饰，以期达到美化玉器的目的。其图案不仅内容广泛，寓意丰富，而且构思巧妙，情趣盎然，无论是花草鱼虫，还是飞禽走兽，均据其特性，而被赋予不同的象征意义，以借喻生活中的美好事物或高雅情趣，因而多数作品“图必有意，意必吉祥”，反映了大众的审美意识，表达了人们通过玉器图案来表达对美好生活向往的意愿。宋代以后，随着城市经济的繁荣和士大夫阶层的形成，加上金石学的兴起，工笔绘画的发展，都直接或间接地促进了玉器的空前发展。至明清时期，我国的玉雕制作工艺发展到了顶峰。明代经常使用三层透雕法，在传统吉祥纹饰基础上，有的玉佩纹饰上还增添上了“福”“禄”“寿”等吉祥寓意的字样，特别是在乾隆年间更有新的发展。纹饰的种类和演变从一个方面反映了玉器不同的时代特征，同时也说明了玉器的用意甚至用途。

清・福字玉佩

玉器纹饰承载着人们美好的愿望，将最美的愿望通过纹饰表达出来，当今玉雕更是如此。当今玉工，不仅很好地继承了前人的吉祥纹饰，更在此基础上进行大胆的创新与发展。一些画面纹饰，就是将一个完整的故事微缩在小小的牌片或把件中，借着对一个历史故事的诉说，暗喻着当代人的情感，表达着作者对时代的思考。

（一）当代和田玉器纹饰的种类

当代玉雕纹饰丰富多彩，既有对传统纹饰的继承利用，又有反映新时代气息的纹饰创新。这些绚丽多姿的当代玉雕纹饰，既高贵典雅、瑰丽隽永，又清新明丽、耐人寻味。综观这些当代玉雕纹饰，可分为以下几类：

（1）画意纹饰。玉雕中有许多程式化的要素与绘画是相同的。如雕琢人物和动物面部表情的诀窍就有：“要想笑，嘴角翘”，意指人物和动物嘴角上翘，其面部就会出现笑容；“愁龙喜凤笑狮子”，意指龙眉皱得像发愁，显得威严，凤眼细长向上弯曲，显得喜庆，狮子嘴角上翘，显得憨态可掬。这一点与国画有异曲同工之妙。应该说，玉雕首先是绘画的艺术，其次才是雕刻的艺术。

玉雕大师在作品纹饰的创作中，着力表现玉料的自然美。他们将每一块用于雕琢的材料都从颜色、形态上殚精竭虑地创意与构图，使玉石的

顾永骏：瑶台步月

每一点颜色和每一个部位都最完美地表现出作品的主题和审美意象，使玉雕也能像国画一样运用意境化的表达方式，在有限的空间中创作出完美的画面。例如，山子雕的构图纹饰往往吸收山水画的散点透视法，即高远法、平远法、深远法，根据玉料的形态进行山石的组合，确定人物主次、建构物分布、树木生长、鸟兽歇息的位置，同时还要考虑在何处题写诗词落款，最后使之成为一幅品位高雅的立体画面。画意纹饰题材广泛，内容丰富，所有的中国文化元素都可以选材。例如，人物、建筑、花木、动物、山水等自然界的一切元素以及文学历史、诗词典故等人文要素都可以作为选材内容。因此要求创作者必须具备文史和绘画的深厚功底，提高综合性的艺术素养。顾永骏大师的作品《瑶台步月》即是现代山子雕设计和制作方面的代表作。

（2）传统纹饰。古代先民在生产劳动过程中，产生了各种审美和心理需要，如风调雨顺、五谷丰登、护身辟邪等，进而以装饰手段来满足这些需求。人们往往将自己的愿望、追求通过玉器上的纹饰表现出来。这些纹饰不是与自然有关，就是与神灵有关：它们有的和人类生活息息相关，如谷纹，是稻谷的形状，像发芽的种子；另一些纹饰与自然现象有关，如云纹模仿天上的云彩；还有一些纹饰是人类想象出来的神异动物类纹饰，如龙纹，是兽首蛇身的组合等。当代玉雕沿用并拓展了古代玉雕的传统纹饰。

（3）外国纹饰。当代玉雕纹饰在继承古代传统纹饰的同时，也在借鉴外国的艺术纹饰，进而创作出具有浓郁异国情调的玉雕作品，如玉雕大师们借鉴了西方艺术中的宗教人物形象、裸体人物形象以及伊斯兰风格的花草纹饰等。

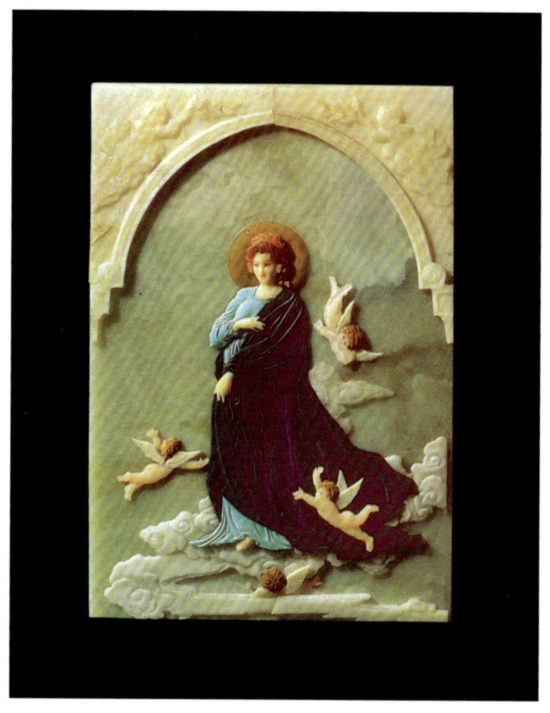

圣母插牌

（4）集成纹饰。当今是一个快节奏、大信息量的时代，为满足人们追求“丰富”的视觉感受的需求，玉雕大师们尝试了一种“纹饰集成”的新方法，即在一定的玉雕空间内，安排进很多传统或民俗的纹饰形象。它们不是简单的罗列，而是匠心独具的“有序”布局。以疏密有致、虚实渐变的手法，将一些传统文化符号或民俗元素，流畅自然地排布在一起，给观者以“盛宴”般的视觉冲击力，令人浮想联翩，回味无穷。如苏州玉雕大师杨曦的作品《龙凤牌》、葛洪大师的《怀古溯宗》即是此类作品的代表。

葛洪：怀古溯宗（图片提供：博观广告）

（二）中国当代和田玉器纹饰的寓意及表现方法

传统玉雕的吉祥纹饰广泛而丰富，通常通过人物、走兽、花鸟、器物等形象和一些文字，以民间传说及神话故事等题材表达出来。如果以吉祥寓意分类，可以简单地划分为福、禄、寿、喜、财五大类。具体可分为平安顺利、恭喜发财、吉庆有余、福喜临门、腾达进禄、功名有成、荣华富贵、婚恋祝吉、早生贵子、吉祥如意、长寿百岁、趋吉避凶等十多类。

当代玉器纹饰从几千年的文化积累中，精选出许多优秀的题材。这些题材的寓意满足了人们对和平、幸福、健康、富裕、成功、梦想的精神追求，反映了不同阶层人士的文化品位和思想境界，成为人们表情达意、咏志抒怀的一个高雅平台。这些纹饰寓意是通过以下方法表达出来的：

（1）谐音：即利用某一事物的读音与某一吉祥用字、词同音或近音来表达吉祥寓意。如常用马背上骑着一只猴子来表示“马上封侯”的寓意。此时的“马”暗喻“马上”，“猴”暗喻“侯爵”。古代官爵主要有公、侯、伯、子、男。“马上封侯”意寓马上就要加官晋爵了；如欲表现“大吉大利”，就在玉上雕琢橘和荔枝等图案。这些都是运用谐音手法来表达吉祥寓意。

（2）借喻：即借助有寓意的事物来比喻吉祥、美好。如用鸳鸯比喻夫妻恩爱、婚姻美满；以子母狮来比喻亲子情深、辈辈成功。

（3）比拟：有拟人、拟物两种手法，即可将人比作美好的事物，或将美好的事物比喻为高尚的人。如以牧童表示天下太平，以南极仙翁或麻姑比拟健康长寿，以梅兰竹菊比喻君子品格。

（4）象征：即假借特定的事物通过联想，把主观意识托附于客观事物，使特定的事物显现出抽象的意蕴，表达出一定的吉祥寓意。如将牡丹花象征着富贵，葫芦象征子孙满堂。

（5）综合：即指各种方法的综合运用。如“龙凤呈祥”，图案为一龙一凤，其中龙的造型融合许多吉祥动物的特征于一身：鹿角、牛头、虾眼、蟒身、鱼鳞、鹰爪，是神圣吉祥之物，以尊贵、英武的形象存在于中华民族的传统意识中。凤在华夏民族的远

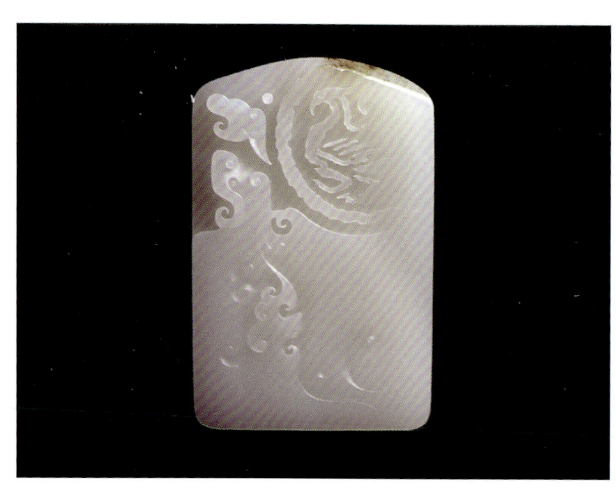
杨曦：龙凤牌

古时代被视为神鸟，它是原始社会人们想象中的保护神，其形象头似锦鸡、身如鸳鸯、翅如大鹏、腿如仙鹤、嘴似鹦鹉、尾如孔雀，居百鸟之首，象征美好与和平。龙凤是人们心中的祥兽瑞鸟，是一种吉祥的象征。民间以龙代表男子，凤代表女子，两者相配寓郎才女貌之意，用来祝福新婚夫妇幸福美满。

五、当代和田玉器价格观

当今玉器艺术品在文化及技艺上都在不断创新和发展，在艺术品成为新的投资品的大潮中，玉器艺术品会成为新的投资品类，成为一种新的投资工具。然而，玉器要成为新的金融工具，难点在于正确的评估其价格。当代玉器作为艺术品有别于其他艺术品，其重点在其材料本身就有美的价值，这在当今艺术品中 ，很少有其他品类的艺术品在材料上能望其项背的，也正是材料的难读性及在玉上创作的艺术的特殊性，使大多数人不能理解当代玉器的价格评价标准，从而望而却步，既阻碍了玉器的深入人心，又降低了玉器价格的提升，因而，将玉器价格评价数量化是我们急需解决的问题。

当代和田玉器价格评定是一个既简单又复杂的问题，说简单，一件和田玉器作品，行里的人估价都差不多，好像有规律可循；说复杂，外行人评价当代玉器价格简直无从下手，甚至出现一件作品行内行外人评价相差万倍的情况。其实，评价一件玉器的价格没那么难，关键是掌握要点：材料、工艺、利润。

1．材料价格的比重

目前为止，材料的价格是和田玉器作品的基础价格，材料是有不同等级与质量的，材料的等级与质量是人们认识及评定作品价格的首要标准，正确评价材料价格，并将其标准细化，是我们进行玉器价格评价的第一要务。

苏然：白玉佛手

材料的评价分为两个部分，确定材料在这件玉器作品中的比重；确定材料的等级。

首先要确定材料在玉器作品整体中所占的比重，这一比重并不是绝对比重，而是一个动态比重，以标准的材料为例，可以分为三种情况：（1）玉器大师的作品，材料占整体价格的30%左右。（2）中等玉工的雕件，材料占整体价格的50%左右。（3）普通玉工的产品，材料占整体价格的70%左右。

其次要将材料分为若干品种及若干等级。和田玉材料的差别比较大，每公斤从低端的几百元钱到高端的上亿元都有，没有一定的专业知识是分不清的。材料的评价方法是将每一产地的材料区分开，每一种材料再分成若干等级，具体到每一等级都有标准，这些标准可以具体分解为白度、润度、纯度、密度等。每一等级材料的标准价格是多少，其他等级的材料上下浮动，这样材料的价格就有了。

材料的价格是不断变化的，大部分时间是在上涨的，近十年来，材料的价格上涨了近百倍。评价材料的价格是以当年的材料价格为基准。

2．工艺价格的比重

玉器工艺水准实际上是作者艺术修养的表现，是作者思想，文化水准的表达，这既需要相当的美学功底，又需要相当的文化修养，还需要相当的技艺水准。做玉器这种艺术品和画家的绘画艺术品是不一样的。画家绘画，只需在纸上进行，无需考虑材料因素，为了画好一幅画，可以重复几次甚至是几十次，以求达到最佳效果。而玉器创作则不同，它是以玉为材料的，玉材基本没有相同的，特别是籽料，每一块的形状及质地都不尽相同，而且价格昂贵，浪费不起，这就要求玉工要根据材料的形状来设计图案，在雕刻过程中，还要根据材料内部的变化，不断调整原有的设计方案，以求达到最佳的效果。所以，一件好的玉雕作品，实际上是作者各种能力的积淀，正是由于玉雕作品的高难度要求，才使得玉雕作品达到的美，是一种特殊的美，是带有玉石光芒的美。

工艺所占的比重一般来说有三种情况，大师的工艺比重；中等玉工的工艺比重；普通玉工的价格比重。

第一，大师作品的工艺比重。近些年来，玉工们经过不断的提升与提炼，开始了分化，好的玉雕作品不断涌现，顶级的玉雕大师开始出现，这些大师的水平代表了当今玉雕界的水准及未来方向，产生了这样几类玉雕大师：

（1）当代玉雕最具代表性的大师。他们传承了中国玉文化的理念，其艺术理念与创作方法具有时代意义，他们影响并推动了整个玉雕行业的发展，这些大师将作为当代玉器的代表人物而留名后世。如倪伟滨、刘忠荣、吴德昇等人。

（2）主要流派的代表人物。这些大师在玉器地域流派、风格流派的形成与发

刘忠荣：世事如意玉牌

展中起到了关键作用，具有开宗立派的地位，他们在中国当代玉器史上占有一定的地位。目前中国当代玉雕大师主要分为四派：京派、海派、苏州派及扬州派。这四派的分法并不是依据作品的作者所在地来划分，而是根据作品的风格来区分。京派以苏然为龙头；海派以倪伟滨、刘忠荣、吴德昇、易少勇、于泾、崔磊等人为领军人物；苏州派以蒋喜、杨曦、俞挺等人为排头兵；扬州派以顾永骏、汪德海等人为杰出代表。

（3）某些风格独特的玉雕师。这些玉雕师并不一定是当下著名大师，其风格不一定为所有人所喜爱，但其作品可能作为一种独特的玉器艺术现象而特立独行。

这些大师的作品实际上代表了当代玉器的最高水平，他们作品的工艺部分一般占到总价格的40%，甚至占到整件作品价格的60%—70%。大师的工艺水平越高，工艺部分在整件作品中的比重就越高。

第二，中等玉工的工艺比重。这些玉工的作品稍有工艺水平，工艺部分在整体价格的比例不大，一般占到整体价格的20%。

第三，普通玉工的价格比重。这些玉工做的商品工艺较差，东西基本就是材料价格，工艺部分占到整体价格的10%。

工艺在作品价格中的比例与材料成反比，与大师的成就成正比，大师的成就越高，工艺费用所占的比重越高，材料所占的比重越低。玉工的水平越低，材料比重越高，工艺在整件作品中的比重就越低。

工艺的费用也是不断上涨的，近十年来，大师的工艺费用最多的上涨了近百倍，普通的工费也上涨了十倍之多。工艺的费用也是以当今的雕刻费用为准。

3．利润空间的比重

作品出售的市场最终价格受多种因素的影响，差距较大，一方面受作品的唯一性影响，不能与同类作品比较，价格没有可比性；另一方面，受买卖双方实际情况的影响，比如卖方急售或买方一定要买等因素的影响。剔除这些因素，无论是大师的作品还是一般的玉器商品，利润还是有一定规律可循的，高端作品一般占到售价的30%—40%，中端产品一般占到售价的10%—20%，低端作品一般占到售价的10%以内。

利润也是一个动态指标，主要是随材料和工艺费用的变化而变化。

例如，一件售价100万元的高端大师玉雕作品，其中材料约占30%，工艺成本约

风雨夜归人

占40%，利润约占30%。一件售价2万元的低端作品，其中材料约占70%—80%，工艺约占10%—15%，利润约占10%—15%。

我们将价格组成部分合理的分解，目的是让更多人能够运用这种方法对当代玉器价格进行有效评估，使当代玉器为更多的人所了解、喜爱和收藏。

六、当代和田玉器的问题与对策

（一）问题

1．缺乏精品

当代和田玉器主要是供人们观赏和收藏的。一件玉器作品有无观赏价值或价值的高低，决定它有无存在的意义。从一件玉器的制作过程来看，它具有生产周期长、耗费工时多、原料稀缺昂贵、技术工艺复杂、体力劳动与脑力劳动并举等特点。因此，玉器的材料成本和生产成本都很高，这就决定了玉器应归属于高档艺术品。但是，值得注意的是，消费者并不是仅仅因为它成本高而把它当成高档艺术品，同时还由于玉器产品本身的高贵品质和特有的工艺、艺术特点才使其成为高档艺术品，它在给人带来视觉的美感、高贵感以及历史厚重感的同时，还可以承载人们保值增值的愿望，故人们对它的期望值是相当高的。而综观目前玉器市场上的玉雕作品，真正精品少之又少，很多的玉器都是粗制滥造、俗不可耐，完全丧失了传统玉雕艺术的高贵典雅，毫无品味可言，既无法满足人们的需求，又造成原材料的巨大浪费。

2．过于繁复

当代玉雕技术已经达到了相当高的水平，完全达到传统玉雕所达不到的精巧程度，极大地提高了作品的观赏性。然而，一些玉雕师一味地追求工艺的“精巧”，将主要精力用于“秀巧炫技”，他们不在作品的艺术性与文化底蕴上下工夫，而是在繁复的工艺上追求噱头，这样的作品只有张扬花哨，毫无玉文化精髓可言。

3．缺少个性

在“全球一体化”的今天，玉雕这种传统的工艺品，它所拥有的文化资源含量及其被开掘的成功与否，直接关系到其生存与发展。在过往的历史进程中，玉器的器型和纹饰的产生与发展是一种自然的状态，且与自然环境、人文环境和谐相融；而在当代的新经济、文化背景下，玉器造型和纹饰艺术的生存与发展环境都发生了很大的变化。因而，对其进行自觉的调适与开拓是必要的。

4．品种单一

当代和田玉器的种类相比历史上没有明显的增加，玉雕产品与现代新生人群消费的结合度差，缺少与时俱进的理念及与其他优秀艺术门类的优化嫁接，对玉雕新产品的开发还不够深入，不能使消费者有更为多样化的选择空间，不利于大众消费市场的引导。

5．水准低下

目前，我国有数万家玉器小作坊，每年生产着数以十万计的产品。一些小型玉器作坊为了片面追求经济效益，批量生产工艺粗放的廉价玉器制品，全然不顾商品的工艺水准和文化底蕴。从行业属性来说，传统工艺美术行业和其他行业不同，它们不是一般的商业产业，其产品接近艺术品，具有商品性和艺术性的双重属性。由于它们本身包含艰辛的艺术劳动、艺术创造和艺术技艺，因而可以说该行业属于艺术产业。艺术产业中的很大一部分产品必须保持它的品质和稀有度。如果产业化的发展打破了这一规律，那么市场的规律和艺术的规律就会颠覆和破坏艺术产业；从行业产品来说，传统工美产品的生产体现的是个人能力，而不是集体智慧，所以不能用工业的模式来进行生产。

（二）对策

为改进上述问题，可以使用一下几个方面的对策：

1．挖掘新的题材

（1）改进传统题材。传统题材虽说受时代的局限，但也最大限度地发挥了玉与材料的结合。唐代以来，中国古代文人墨客将自己的情怀寄情于山水之中，主要以绘画的形式表现出来。明清以来，这种寄托开始以玉材作为表现基础，玉器中出现了大量的山子作品，实际上就是中国古代山水画的玉器表现形式。今天，以扬州为代表的传统题材玉雕作品，虽然还有历史的痕迹，但表现的不仅是文人的山水情怀，更多的是表现人们对大自然的憧憬与向往，表达着人与自然和谐的理念，同时，传统宗教题材在当代中国玉器作品上有了新的突破与提高，海派大师倪伟滨对宗教人物形象等的把握上非常到位，他所刻画的人物的肖像不是对古代人物肖像的简单重复，而是带有时代特色的创新与发展，达到了绘画般的艺术效果，极大地提高了传统题材的现代美感。

马进贵：白玉错金嵌宝石西番套壶

（2）创作当今题材。在当今这一伟大时代中，同样产生了与这个时代相辉映的伟大作品。许多具有时代特征，表现重大历史过程及重要社会主题的作品应运而生。当代玉器的题材开始创作反映当代生活的题材。如具有民族特色的玉雕作品开始出现，新疆马进贵那些洋溢着维吾尔风情的作品，表达着新疆人民对玉的热爱和对美的追求。

（3）借鉴其他题材。当今中国是文化多元的时代，人们借助各种材质表达着思想情感与艺术情操，玉器身在其中，在这些大的环境中与其他艺术形式互相影响，其他一些姐妹艺术的表现方法影响着玉器艺术。一些石雕、木雕、竹雕、瓷器、琉璃甚至是剪纸艺术都在影响着玉器艺术。玉雕过去的工艺要求尽量不要有棱角，不要扎手，而其他材质的艺术品如石雕、木雕等多有棱有角。当今有些玉器借鉴了这些艺术形式，有棱有角、枝叶狭长、尖锐，倒也别具特色。如

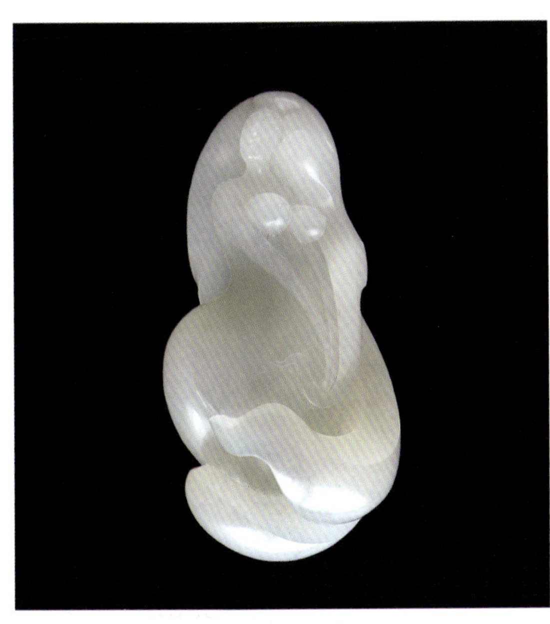

吴德昇：裸女

崔磊大师的作品《神荼郁儡》，人物那线条分明的侧影如同剪纸般鲜明。

（4）引进西方题材。近年来，大量的西方艺术观念传进中国，这就不可避免的影响着玉器艺术，许多西方文化形态表现的东西，在玉器上得到了应用。中国玉工过去很少以玉这种材料来表现西方宗教题材，当代玉器打破这一成规，开始以玉来表现这些西方的文化形式。海派大师的耶稣受难作品，就是其代表作。与此同时，西方社会某些大胆的观念与形态也开始被运用在玉器上，这在中国古代玉器中是很少出现的。最为典型的是裸女以及男女性爱的题材被表现在玉雕上。西方的女性裸体一直是其文化中女性美的表现形式，中国自古以来很少有这样直白的表现。近些年的玉器创作上，出现了许多以裸女为题材的玉器艺术品，但这些玉器创作并不是简单模仿西方人体艺术，而是加进中国元素，裸女表现多以中国历史文化中女性形象出现，有一种别样的美感，吴德昇大师的女人体就是这一题材的成熟表现。

2．使用新的工具

不可否认，随着改变传统生产方式的工业革命的发展，机器生产的流水线代替了传统作坊式的手工业生产，商品经济替代了自然经济，这确实加快了人类社会的发展进程。同时，新的生活结构也在迅速地改变着人们的生活形态、塑造着新的文化需求。我们的传统文脉、传统手工艺在新知识、新技术、新观念的冲击下面临着自身延续和发展的巨大压力与挑战；与此同时我们也乐观地看到，时代的变革亦给古老的文明注入了新的活力。一方面，科技的迅猛发展促进了新材料、新工具、新工艺的不断出现，给人类文化带来更多拓展的可能。另一方面，由于科技的发展、机械制品的大量出现，人们的审美心态又提出了多样化、个体化、以及民族性、地方性等的需求，审美趣味的均一性逐步向多样性扩展。这表明传统手工艺蕴含着的情感、人性、人文的光辉，那种个体的自然情感流露和不可重复的人类原创活动是任何现代规模化、标准化机器批量生产所替代不了的。这也使传统手工艺看到了生存、发展的希望。应该说，开放的时代又为传统手工艺的发展创造了机遇。

当代和田玉雕艺术除了以博物馆陈列及私人收藏作为较好的保留方式以外，还有其他的潜在市场，如，旅游市场、礼品市场、装饰品市场等等，这就使玉雕艺术面临着时代化的蜕变。传统玉雕艺术所表现出的创造性除了原始、朴素的装饰设计理念与玉石材料的特殊选择以外，还更多地体现在其制作过程中的随机应变上。由于传统手工艺的特殊性，决定了其设计、制作不可能完全分离，其间是一种互补的关系。工艺制作实际上是一种非常生动的创造性行为，是设计的延续、发展和完善，因为在工艺制作过程中出现的偶然的效果甚至过失往往会带给新的工艺表现以启发。正是这样不断地往复交融，玉雕大师才能创造出流芳百世的工艺佳作。然而，一些德艺双馨的玉雕大师由于体力、精力等方面的原因，再像年轻时那样进行高强度的艺术创作真有些力不从心，但又不能让其艺术之火轻易熄灭。折中的办法是可以使用一些新工具如电脑雕刻机，节省一些体力、视力，把更多的精力投入到设计和指导中去，多为社会留下一些艺术精品。毕竟这种设计经验，是需要太多积累才能沉淀下来的。这样一来，既可以加大作品的出产量，又可以适当降低一些价格，为中档藏品的藏家提供多一些的选择空间。可以说，相比较其他的生活实用产品，玉雕产品因其特殊材料、设计理念与制作工艺而更加偏向于文化性、审美性和观赏性的方向。继承和发扬传统玉雕艺术，很大程度上是要在新的生活环境中重新选定、确认自己的位置与生存的土壤，以获得相应的养分，从而蜕变为符合现代社会审美需求的现代玉雕工艺。

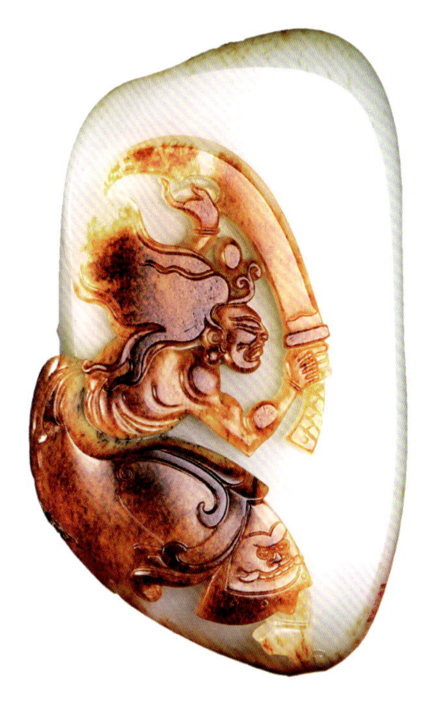

崔磊：神荼郁儡（图片提供：博观广告）

3. 利用新的材料

当代中国和田玉器目前面临的最大困难就是高档和田玉料资源即将枯竭，国家已经明令禁止新疆和田地区大规模使用器械挖掘和田玉料。原料的匮乏和行业的发展形成了不可避免的矛盾，而开发、利用新材料的设想无疑会给玉雕业带来福音。新疆出产的和田玉料少了，可以尝试多加利用其他产地出产的和田玉料，如俄料、青海料、韩料、岫岩老料等。这样一来，扩大了的原料市场，可以给有才华的玉雕师多一些施展才华的空间，也为买不起天价和田玉雕艺术品又不屑购买和田玉消费品的藏家提供一个充裕的选择空间。

金镶玉凤凰首饰

4. 引进新的技艺

在现代社会的环境下，玉雕艺术作为独立的工艺品类可以突破传统的限制和束缚，大胆地与其他的工艺品类，如木雕、绳结、剪纸、漆器等艺术相互融合，从而在艺术观念和艺术语言上进一步解体和重构，不断拓展自己的艺术空间。近些年来台湾的艺人将翡翠挂件同绳结艺术相结合，设计制作了别具一格的项链、手链等具有浓郁中国风味的玉雕装饰品。绳结艺术精巧、细致的气质同玉石天然、古朴的韵味相得益彰。和田玉雕也可以考虑引进一些相关的技艺，创作出一些符合新生代人群审美口味的作品，开拓艺术空间，扩大市场销量。

5. 寻求新的合作

千百年来，传统的玉石挂件都是立足于玉料本身进行设计制作。除了工艺技术日渐精湛、题材类型与时俱进以外，挂件的表现形式、工艺技巧并没有实质性的突破，长此以往人们必定会对这一亘古不变的产品类型感到厌倦。但是，如果玉雕艺人能够与时尚首饰设计师合作，一定会带给传统的玉制首饰以新鲜的现代首饰设计理念及新的工艺手段。在合作中可以尝试不同材质与玉石的搭配以及尝试玉石挂件多样的佩戴方式等一系列新的创造灵感。

6. 开发新的客户

当代中国和田玉雕的档次可谓冰火两重天，那些质精价高的大师“神品”能高到天上去，例如，用新疆和田产的和田玉籽料雕成的山子、器皿、牌子、把件、圆雕人物和动物摆件等，其价格动辄几百上千万，任凭你对她再有独到的鉴赏眼光、再有超然物外的心灵感悟、再为她爱不释手、朝思暮想，没有个几千万上亿的身家，也只能忍痛割爱、望眼欲穿；相反，那些质糙价低的大路货则能落到土里去，如，普通手把件、牌子、装饰品等，买了它，稍有点品味的人都不好意思拿出来示人，更不要说佩戴它招摇过市了。处于这二档之间的玉雕作品严重缺失，特别是中档的和田玉摆件和牌子更是少之又少。大师工作室是否可以考虑选用一些中档玉料，使用一些电脑雕工来减少一些成本，但大师们的设计、神韵和美感却一样也不能缩水。这样的中档玉雕估计会为大师们收获一些中产阶级客户，也为中等收入、鉴赏力高的藏家带来福音。这样，那些大师们的“有机”“绿色”玉雕再怎么曲高和寡也无伤大碍，而那些“小作坊”“地摊”玉件也可以心安理得地扮演好它的角色，玉雕市场真正做到各取所需。

清代玉器

清代玉器概述

□张广文

玉器是中国古代的传统用器，自新石器时代产生，至清代不断发展。新石器时代的玉器的考古发现以良渚文化玉器最为壮观。浙江瑶山、反山遗址，上海福泉山遗址、江苏寺墩遗址为著名的玉器发现地。目前考古发现的良渚文化玉器已有数千件，但多为片状小件器物，较大的玉器主要为琮、璧、钺。其他新石器时代文化遗址也发现有大量的玉器，一些遗址的规模也很大。古代的玉器存在数千年经久不衰，清代则形成了蔚然壮观之势，1911年清王朝灭亡，至故宫博物院成立，宫廷遗留玉器有三万多件。就用途而言，器皿、陈设物、佩坠是其主体，玉器充斥了宫廷生活的各个方面，散见于宫廷的宫殿、堂、阁、屋、室、房、斋，宫廷内几乎处处见玉，且是其中的辉煌点。自古而今，玉器的使用，数量品种，莫如清代宫廷，清代宫廷玉器，为玉器史上的辉煌时代。

一、乾隆朝以前的清代玉器

在清代，宫廷玉器是玉器的主流。但玉器的发展到了清代，已成为社会生活的重要组成部分，宫廷已无法进行绝对的垄断，民间用玉与宫廷用玉大致上趋于同步，在发展阶段的表象上以宫廷玉器为主。按照宫廷玉器的生产情况，清代玉器可划分为顺治、康熙、雍正时期，乾隆、嘉庆时期，道光及以后时期的早、中、晚三个阶段。

清早期玉器包括了清朝建国直至乾隆初期的玉器生产，因康熙及以前各朝的玉器无制造年款，所以标准器的确定非常困难。目前已知的确凿作品及它们所代表的制造风格有下列几类：

1．顺治朝玉器

故宫收藏的清顺治典章玉器约三种：一为宝玺，一为玉册，一为玉

清·兽面纹玉鼎

清·玉“敕命之宝”

磬。清代的谥宝谥册制度建于顺治二年（1645年），七月顺治上太祖高皇帝、孝慈高皇后、太宗文皇帝谥宝谥册于太庙，顺治五年重修太庙，追尊努尔哈赤以上四祖考、祖妣谥号，分为肇祖原皇帝、原皇后，兴祖直皇帝、直皇后，景祖翼皇帝、翼皇后，显祖宣皇帝、宣皇后，并上谥宝、谥册。清代的谥宝、谥册大致有三种：一为纸质，用于烧焚。一为木质，用于入葬。一为玉质，安于太庙。现在故宫博物院藏有上述谥宝，分别为暗青色青玉或青白色玉。谥宝的样式规格基本一样，属一批作品。其宝左满文右汉文，可能后改镌，印为原宝。

清太祖高皇帝谥宝印面文字为“太祖承天广运圣德神功肇纪立极仁孝睿武端毅钦安弘文定业高皇帝之宝”，左为满文，右为汉文，皇太极为其上尊谥为“承天广运圣德神功肇纪立极仁孝武皇帝”。康熙元年加“睿武”“弘文定业”，雍正元年加“端毅”，乾隆元年加“钦安”，故宫现藏此宝，为暗青玉交龙纽，长宽各12.6厘米，高11.7厘米，印面右为满文，左为汉篆。孝慈高皇后谥宝为青白色玉，长宽各12.6厘米，高11.5厘米。

乾隆撰《交泰殿宝谱序》后记，清代御宝二十五宝中的“皇帝之宝”“大清受命之宝”“皇帝奉天之宝”三御宝及金宝“大清嗣天子宝”为皇太极时期所制，未改镌。

目前故宫存有大批清代玉册，其中有数套顺治朝玉册，有顺治追尊努尔哈赤以上四祖考妣谥册。谥册可分为两种：一种厚度不太均匀，包丝布边，玉边部打孔，穿丝绦相连，如《太祖高皇帝谥册》《孝慈高皇后谥册》，皆10片，每片长28.5厘米，宽12.8厘米，这种玉册与后来的玉册连法不同，应是老样式。另一种玉册厚度均匀，边角方正，如《为皇祖妣上谥号之册》《顺治上皇祖妣之册》为墨玉，长方形，片状，长28.7厘米，

清·玉谥册

宽12.8厘米，厚0.9厘米。玉表面刻阴线楷书戗金，表面光泽很暗，厚薄均匀，边直角方，作品具有较高的加工水平。

故宫为明、清两代皇宫，清宫遗玉中有大量明宫玉器，但其中唯不见明朝廷所用玉印及玉册，乾隆亦对世传无明玺提出过疑问。目前，可以看出一些清代玺印具有明代玉器风格，判断或为清廷将明玺改字，明人亡国亦亡其玺，但此种清代玉册工艺与明代玉器工艺及用途不同，所用的玉墨黑色，这在已知的明代玉器中尚未见到，明代的片状玉，传世最多的应属玉带板。同此种顺治玉册比较，明代玉带板的整体厚薄均匀度，边线平直度都差了许多，因而可以断定，此种顺治玉册的板材加工绝非明代所为，而是清代的作品。

2. 康熙时期的玉器

康熙时期，民间用玉风气正盛，孔尚任《享金薄》记所见玉器有“汉玉笛”“雷公斧”[1]“古玉荷叶洗”“白玉螭玦”“碧玉小玦”“碧玉羊头”“汉玉环”“汉玉鹰扬砚”等，其中有古玉，也有时做玉器，所谓“白玉螭玦”“碧玉小玦”应当为当时的作品。清宫存有“康熙十七年刘源恭造”款的贡墨，为康熙生日贡，其墨一匣十四笏，一笏“苍璧”，为圆形中心有孔；一笏“玉佩”为玉剑璏状[2]，作品表现出清宫廷对玉器的态度。就此背景而论，清宫廷的玉器使用于康熙时已不在少数。

目前已知的有据可证的康熙朝玉器的典型代表作有三类：第一类为北京西郊小西天黑舍里氏墓出土的白玉鸡心佩[3]、碧玉鸡心佩为代表的作品。黑舍里氏下葬于康熙十四年，尚属康熙早期，鸡心佩所用玉料与明代玉器有别，作品图案棱角分

清・心形玉佩

清·玉辟邪

明，无明代玉器的圆滑型，表面有细腻的脂肪光泽，局部有细阴线组成的图案，同后来所谓“乾隆工”很相似，故宫藏有与其相同的作品，在未发现出土玉佩前，曾被定为乾隆时制造。第二类以白玉砚盒为代表。故宫藏有一件康熙款松花石小砚，下有白玉座，上有白玉盖，作品与盖应为同时制造，盖面有较强的玻璃样光泽，地子不甚平，与明代作品工艺相仿，表面有凸起的篆书诗句，这件作品表明康熙时制造了一批有较强玻璃光的玉器[4]。第三类是附有乾隆题写的“玉杯记”的仿古玉杯。这一类的玉杯、玉杯盘，其座匣或所附册页上，有乾隆所撰“玉杯记”，记姚宗仁指认玉杯为其祖所制，采用“琥珀烫”之法做旧色[5]。雍正朝档案中，已有姚宗仁其人，其祖应为康熙时人，所指作品有人形耳玉杯、螭耳杯，螭纹盘，仿汉兽面纹杯等，工艺不一，差别多样，是否为同一人所制尚可怀疑，但乾隆认可其为前朝作品。这些作品除了造型花纹特征外，主要有下列特征：① 腻子色。② 人工敲击斑点。③ 涂琥珀烤色。④ 或有玻璃光泽。

3. 雍正时期的玉器

雍正朝玉器制造，内务府造办处档案中已见记载，数量很少。宫中流传下来的作品，少数几件有款，除玛瑙器外，玉器大致可归为三个类别：（1）陈设类玉器。清宫所藏平安春信图，绘雍正与乾隆站立言谈，旁之几上有四管式炉，视其色，作品应为玉器。清宫遗玉中白玉四管式炉有多件，与绘画中相同者亦有，这类玉炉用玉精美花纹细致，为较浅凸起，盖上螭龙纽与盖为一体，非嵌接，应属陈设类玉器中的代表作品。（2）仿古类玉器。代表作品为雍正款辘轳环，辘轳环之物，见于宋、元文献，陶宗仪《南村辍耕录》曾提及，谓其为“吕”字形双方环，大、小可套合，而故宫存雍正款作品，为可扣合的大、小双圆环，环上饰凸起的谷纹，有较强的玻璃光泽。（3）日用类玉器。代表作品为雍正款椭圆光素杯，作品为白玉椭圆形、直壁，杯壁较薄，厚度均匀，表面有较强的光泽。以上三类作品可以看出，雍正朝宫廷玉器，包括了陈设、仿古、日用三个方面，作品制作工艺精湛，图案细致，表面有较强的光泽。

二、乾隆朝的玉器

1．乾隆初期的玉器制造

清・弘历平安春信图

由于受到玉料来源的限制，宫廷玉器制造处于低迷状态。从造办处档案记载，这一时期，造办处玉作在玉器的采集方面主要进行了下列工作：（1）进行旧玉的收集、刻款。“乾隆六年二月二十五日玉作玉器四十八件，传旨：着交造办处刻款，钦此，于本年十二月二十日七品首领萨木哈将以上古玩等共四十八件刻得款交首领李金，冠明呈进讫。”[6]四十八件作品被称为古玩，来源不易查，若非官员贡进，便为宫廷旧存，所刻款字此处未提，查此一时造办处档，所刻款多为乾隆年款。且宫中遗玉除乾隆款外，其他款识并不多，而乾款玉器中亦有乾隆期以前的作品，因而此处所刻主要应为乾隆年款。（2）旧玉的改做。乾隆元年四月初六日玉作：“太监毛团交紫檀木架白玉夔龙磬一件，传旨：着改做，钦此。”[7]，乾隆二年八月十八日玉作：“太监毛团交坏玉杵两件，传旨：着收拾，钦此。”（3）组织制造少量玉器。其中较大的一宗为用154件明代白玉带板改制的玉佩、坠器物。乾隆三年苏州织造，二月二十六日，太监毛团高玉交白玉带板大小一百块，青玉带板大小五十四块，传旨：着交与织造的海保处，仿古款式花纹　酌量做佩、璧、环、玦、合符三四层妆盒，双连杯，扇器等件，俟完时俱刻乾隆年制款。这批玉器由造办处发往苏州制造，本年四月初四做得20件，七月二十七日做得10件，九月二十八日做得28件，二十八日做得24件，十月二十六做得26件，十月二十五日做得20件，四年二月二十八日做得19件。其后又陆续做得青玉连环、笔山等[8]。

乾隆十三年造办处档案有了“如意馆”制造玉器的记载，宫廷玉器的制造数量也有所增加。

清·玉采玉图

乾隆二十四年清廷在新疆各族人民的支持下平定了叛乱活动，加强了行政管理及新疆与内地的经济往来，新疆玉料大量进入内地。尤其是清廷在新疆设立了专门的督玉机构，和田玉直接进入宫廷，保证了宫廷玉料的使用，在乾隆皇帝的直接倡导下，宫廷玉器的制造出现了新的局面和跃进之势。

2．玉料的采办

明代宫廷就曾为制造玉器由专人到新疆采办玉料，清代宫廷亦如此。对于宫廷玉料，新疆大臣按例加以采办，亦两年分春秋二次贡入，数量较大。清宫造办处档案记，“乾隆二十五年十月二十三日太监胡世杰交青玉大小七十四块，传旨将大青玉一块着郎世宁画海马纸样，准时做木样呈览，钦此”[9]。74块玉，档案虽未讲来源，但已显示，玉料充足。二十六年档案记“四月二十门日太监胡世杰传旨：将和田德魁带来的玉石呈览，钦此。于本日将和田带来玉石三百八十块交太监胡世杰呈览[10]。”和田德魁带来380块玉料，表现出和田玉料贡入的大致情况。时为四月属上半年或为春季贡玉，据判断，按常例的贡玉，每次为两千公斤左右。

乾隆时期，宫廷使用的玉材有多种，数量较大的是新疆和田玉，还有一定量的翡翠、蛇纹石玉料。翡翠主要产于缅甸，属钠铝硅酸盐，比重约3.3，硬度为7左右，质地细密微有透光感。对于这种玉料，清宫档案中称其为云南玉，盖因玉料由云南进入内地。宫廷遗存中有多种此类玉料的作品，其中一些带有乾隆年款，目前清宫遗存的带有乾隆年款翠制品有较多数量，从中可以看出，这时期的翠料选择已开始注重色彩、透光程度，同时保留了玉料的选择标准，玉料多有温润感。蛇纹石玉自新石器时代已开始使用，历代玉器中多有出现，清代宫廷用品中有一批蛇纹石玉制品。其中有二件用青白色蛇纹石玉染旧色做成的玉尺，作品的一面有“玉尺建初六年八月十五日造”，另一面分别

清·翡翠花蝶纹双层砚

目前已发现的玉笔杆中年代较早的作品。杆上有帽，皆为圆柱形，以一色玉制成。不加嵌饰，笔杆之上雕有纹饰，多为浮雕，图案薄而浅，清宫遗存的明代玉笔杆上多有螭纹。清宫遗玉中有一件白玉杆珐琅斗笔，珐琅笔斗有明显的康熙珐琅风格，笔杆龙纹亦早，应为康熙作品。乾隆以后，玉笔杆样式较多，有带凸雕山水图案的，有管状镂空的，有圆杆雕纹的，有素杆的。

清・桥形玉笔架

（6）笔格。笔格又称笔架，是架笔的工具，在文房中是不可缺少的，笔格的产生年代很早，但考古发掘到的早期玉作品是浙江衢州南宋史绳祖墓出土的玉笔架，为长方形，较薄，上方有卧笔的架槽，该墓还出土有水晶山式笔架。明人屠隆曰：“玉笔格有山形者，有卧仙者，有旧玉子母猫，白玉作用，横卧为坐，身负六子，起伏为格，有纯黄纯黑者，有黑百杂者，有黄黑为玳瑁者，因玉沾取为形体，扳附眠抱，诸态绝佳，真奇物也。”屠隆的记述表明明代的玉笔格形状已十分复杂，题材广泛且用玉多样。屠隆的记述为识别明代的玉笔格提供了线索。宫遗玉器中多有笔山，可为架笔的玉动物、玉人物及其他类型的笔架，其中较多的为山形笔架，又称笔山，以三峰形最为常见。一些作品表面光素，一些作品引入了绘画中的山石皴法，表面呈凸起岩石状，岩石起伏变化造型奇特，山石的表现方式中以叠岩与洞岩最常见。叠岩中的山石似页片叠压，岩石边线呈长线条。洞岩是用柱状砣头将山峰表面砣为高低变化状，其中又有直径不同的穿透性孔洞，似太湖石的风格。所谓“卧仙”笔架，应为卧式人物，卧人式作品，有婴童、妇女、文人等，其中不乏可充笔架者，典型作品为白玉太白醉酒，作品为仰卧老人，手持灵芝式如意，屈膝。作品为明清所作，笔山之外宫廷使用的桥式笔架、戏童笔架，为清代笔架精品。

（7）秘阁。又称臂格。写字时置于肘下，以免将墨迹蹭污。宋代

清・玉浮雕双螭臂格

文献中已记载有秘阁的使用，玉制作品的实物尚不能确定。玉制文具中，最不易使用的是玉砚，但文献中已有宋人使用玉砚的记载，因而宋人使用玉秘阁，应是必然的。《故宫博物院藏文物珍品全集（以下简称《珍品全集》）·41》图132收录双螭玉臂格一件，长10厘米，宽3.4厘米，片状，两侧下卷，表面浮雕双螭纹，双螭相对，口衔灵芝。目前公布的宋代玉器的考古发掘资料中，尚不见螭衔灵芝图案，而带有螭衔灵芝图案的玉器在元代遗址的考古发掘中已出现多件，这件作品的螭纹具有宋、元风格，目前将其定为元代作品，是已知的最早的玉秘阁。宫遗玉器中有一批玉秘阁，造型与上述元代双螭秘阁相仿，片状，两侧下卷，前后两端呈等距的斜“S”状。作品的长度、宽度不同，大致有透雕云螭纹、浅浮雕竹叶或花草纹、浅浮雕花鸟并阴线诗句等不同图案，其中一些带有“子刚”“子昂”款，这些作品分别属于明、清早期、清中期制造作品，从图案来看其中的浅浮雕且有阴线相间图案的作品应具明代风格，浮雕图案圆润复杂的作品，应为清代制造，从文字来看具有诗句的作品中，其中带有浮雕诗句及粗阴线诗句的，应属明—清早期作品。

（8）镇纸、压尺。汉代玉器中有兽形玉镇，可用于镇座席。但汉代帛与纸已用于书画，使用时必有镇压，玉镇用于文房也是必然之事。屠隆《文具雅编》记明代镇纸“古玉彘，古人用以挣助殉葬者，有白玉卧狗，有卧螭，有大样坐卧哇哇，有玉兔、玉牛、玉马、玉鹿、玉羊又有玉蟾蜍，其背平斑点如洒墨色，同玳瑁，无黄晕，俨若蛤蟆背状，肚下纯白其制古雅肖生，用为镇纸，摩弄可爱”。这一记载说明了明代玉镇纸使用的多样性，玉彘即古人殉葬的猪形玉握，握于葬者手中，明代人用为镇纸，可见镇纸的使用原则是求实用，求古朴精致。故宫藏玉中有专门用于镇纸的明代玉器，典型作品为双螭（子母螭）镇纸及山石卧凤镇纸。双螭镇纸呈较厚的片状，镂雕大螭，回首顾盼身旁小螭。山石卧凤镇纸为一片状山石，其上镂空孔洞，一卧凤栖于石旁，凤尾如帚，搭于石上。

压尺与镇纸使用方式类似，但压尺较长，更便于压住翻开的书卷。《文具雅编》又记明代双螭压尺“有玉碾双螭尺”这类作品的下部为长条形玉尺，尺上凸起双螭为纽，目前所见作品多为清代制造。

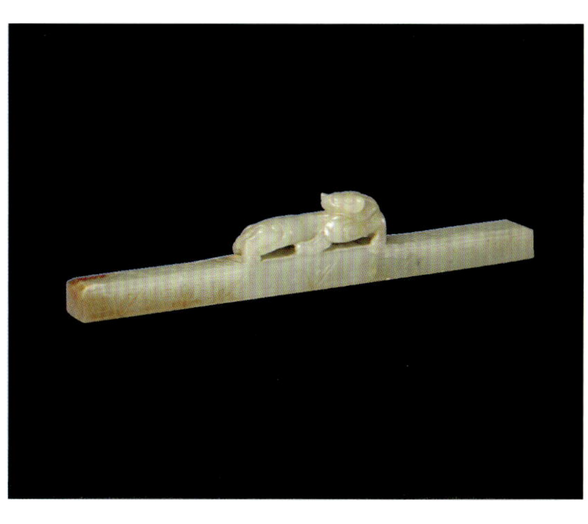

清·辟邪纹玉镇纸

（9）砚。宋米芾《砚史》记成州栗玉砚“理坚，色如栗，不甚着墨，为器甚佳”。“理坚”是讲材料硬度高，“不甚着墨”是讲墨不易沾于表面，由此看来此砚是玉质或近于玉质的材料制成。宋人高似孙《砚笺》

清·桃鹤纹玉砚

对玉砚略有考释，可见玉砚出现的时间很早，使用玉砚的关键在于砚堂的处理，太滑则不发墨，因而需要用墨处不出光，使有芒（见砚笺卷三引李方叙）。也就是在着墨处不能琢得过于光滑，而要留有芒，以便发墨。山东邹县朱檀墓出土的玉砚为明早期作品，长方形，片状，上端有小砚池。类似形状的作品，宫遗玉器中亦有，其上有龙纹，时代特点明显。清代宫廷留有许多玉砚，一些上有“嘉庆御赏”款，作品多为清代所作。

四、宫廷玉器的图案题材

清代宫廷玉器中的动物可分为神化了的动物，带有吉祥含义的动物图案，自然状态的动物。

（一）神话的动物

动物的神话，源于新石器时代，红山文化遗址出土的玉龙，石家河文化遗址出土的玉龙、玉凤是在自然动物基础上加以想象神话而成。古文化中带有神话色彩的动物多种多样，古文献对此有大量记载。汉以后，这些想象色彩的神话动物渐渐集中，成为较为明确的神兽。

龙。古人把龙分为不同的种类，《广雅》：“有鳞曰蛟龙，有翼曰应龙，有角曰虬龙，无角曰螭龙，未升天曰蟠龙。”另外还有亏龙、龟龙等。清宫廷常见的龙纹图案多为云龙、夔龙、螭龙。云龙为蛇身龙，汉代器物图案中尚不明确，上海博物馆藏有南北朝时期的玉鲜卑头，所饰龙纹已有蛇身特征，呈多种动物体组合，其后的龙纹多为鼍头、鹿角、蛇身、鹰爪、兽肢组合。宋元明时期尤为明显。清代的云龙图案较明代图案不同，表现在图案复杂化、神秘化，龙嘴方而阔，鼻部隆起，鼻梁有上

清·玉莲花纹香囊

窄下宽的变化，下巴较宽，腮及嘴角有较密的须，背部的鳍更显灵活，在云龙图案的使用中增强了立体感，克服了明代玉器云龙图案表面呈平面的倾向。清代图案中长身龙或蛇身龙身旁多有云朵，云朵似飘浮，用以衬托龙的行动环境，表现龙的行动是在空中，且行动本身无阻碍。

夔龙。夔龙纹是龙纹的一种，中国古人认为夔是一足，《说文》释夔："神魖也，如龙一足，……象有角手，人面之形。"一足有角的动物图案，在商代开始流行，商代玉器中有很多侧面的兽身、一足、蘑菇形角的动物，现代人称为夔龙。汉代玉器上出现了一种带状装饰，为直线或弧线，线框内有谷纹，这类图案见于汉代的玉环、玉剑饰、玉樽等多种玉器，且对后世玉器装饰产生了较大影响。安徽朱晞颜墓出土的玉卣，正面有折带形龙身的夔龙纹，两侧有"S"形带状夔龙耳，明代的玉樽玉角端上饰有兽头带状龙身的夔龙纹。

清代宫廷玉器上夔龙纹的使用，大体延续了宋、明风格，有独立的夔龙和夔形图案佩，以细长的绳状龙身及兽头形龙头为特点，也有的夔身短而粗，局部呈带状，夔头有鸟头形、兽头形之分，兽形龙头多仿战国玉佩之兽头。《珍品全集·42》图25录香囊有夔式提梁，是在战国龙首玉璜造型上演变而来。

螭。螭或为龙或为兽，是古人以自然界动物为基础神化而来，古文献对螭的解释较多，《说文》释螭"若龙而黄"，古文献称汉代玉玺白玉螭虎纽，汉代玺印上的螭虎形象应是准确的，这类螭纹在战国及汉代其他玉器上也有出现，并为汉以后玉器的主要装饰图案。宋、明玉器中的螭纹使用率很高，其中一些螭纹趋于平民化，螭形极似爬行类小动物。

清代宫廷玉器中的螭纹，形态上更接近龙，螭头形状复杂。一些作品为螭首龙身，一些作品为龙首螭身，螭与龙在图案上有所区别，表现内容却非常接近。《珍品全集·42》图15录蟠螭佩，原型见于南北朝，作品更似龙，在南北朝蟠螭佩基础上，更加龙形化。

辟邪。辟邪是瑞兽，汉代文献

清·玉辟邪

清·玉海马负书

多有异兽记载，如獬豸、乘黄、天禄、天马、辟邪等。玉器中也出现了一定数量的圆雕兽形玉镇，作品有两类，一类较小，一类略大，形态各不相同，但又有较为一致的特点，如四肢短、重心低、张口、有翼等。何为辟邪，何为天马，何为天禄，多有解释，名称不易确定，《珍品全集·40》图203所录作品，凸胸、短颈、小头，额中一角，腹部刻有乾隆题诗“咏汉玉天马”首句为“茂陵万里求天马，即得做歌记瑞之”，认此为天马，作品较陕西汉墓出土玉天马相差甚远，汉以后，这类神兽成为玉器作品的重要题材，唐、宋玉器中的这类作品，造型受狮子造型影响，多为圆头长鬣。

清代宫廷玉辟邪为有角瑞兽，有狰狞之势，多肌肉表现。《珍品全集·42》图90辟邪为双角兽，口衔灵芝，身旁一小雀，图96辟邪为一组三兽，兽头似狮而有角。

麟。麟为古代传说中的动物，《拾遗记》记孔子在娠，有麟吐书于阙里，可知古人认为麟为祥瑞之兽，但麟为何形，记载并不明确，汉代器物上麒麟图案不易确认，故宫博物院藏汉代“益寿”铭谷纹璧，廓外饰一兽，似鹿麟身，有角，图案源于鹿鳄结合，此图案发展分为蛇身兽身两个方向，为蛇身便为龙，发展为兽身便为麟，唐宋玉器麟纹不明确，明代玉带多有麒麟纹，且有圆雕作品，清宫廷玉麒麟延

清·玉麒麟吐书

清·甪端形玉香熏

续明代风格，《珍品全集·42》图94录麒麟吐书，麒麟为卧姿，回首状，双角头似龙，牛蹄形足，狮尾形尾，口吐云，身下有云。

甪端。《元史·耶律楚才传》记元太祖驻师东印度，遇大兽，一角如犀，楚才认其为角端，今人称角端为甪端，其本为传说中一般独角兽，元以前工艺品中尚不易确定此类作品，明代玉器之中有少量作品。故宫藏明代玉甪端熏炉，为阔身、短肢、昂首兽，身内取空为膛头为盖，嘴为透孔，又有万历款掐丝珐琅甪端，但作品寥寥，不为气候。

清代宫廷视甪端为重器，数量大增，体积益大用多种材料制造，玉甪端作品数量巨大，多为青玉、碧玉制造，成对出现，体积硕大，为宫廷重要陈设，许多作品配有座托，使用时置于几上，位于宝座两侧，增加宫室威严气氛。

狻猊、狮子。狻猊、狮子原为传说之中的猛兽。《穆天子传》：“狻猊野马，走五百里。”郭璞注“狻猊，师子”。《尔雅·释兽》：“狻麑……食虎豹。”宋

清·玉狻猊

元时，建筑、器物中多幼狮形象，玉器中出现了子母狮坠、独立莲花狮坠。有学者认为其形源于西方狮毛犬，明代狻猊又被列为龙九子。古人所言狻猊师子为何形，今尚无定论，西安何家村窖藏唐代玉带上，有非洲狮形象，其名或为狮子，明人认为狻猊喜烟火，用为炉纽之形，但明代之炉多无盖，纽更稀。

清·玉双狮戏球

清代宫廷玉器中狮子增多，《乾隆御制诗》三集卷65有“题和田玉狻猊”，可见其对狮的喜爱。清代宫廷玉器中有狮形纽，也有圆雕玉狮，不乏较大的玉狮陈设，这些作品或为蹲坐，或为卧状，有较多的子母狮，作品在造型上有较多的想象。《故宫藏玉》图150玉狮极具特点，主要为短身粗腰，头大而宽，且扁，阔嘴，嘴下有长须分向两侧，头占整个作品近三分之一，足短粗，尾一改宋明鞭状，呈大片多歧形。作品的形象在神话与现实间，为多种动物特点的组合，且有较大的变形。

（二）兽面图案

兽面图案为玉器中最古老的图案，新石器时代龙山文化、良渚文化、石家河文化玉器中都有较为统一的兽面图案样式。周、秦、汉、唐玉器中也有较为固定的兽面纹样式。宋、明以后，玉器中兽面纹多为三类：一为样式较自由的兽面纹，如四川广汉窖藏宋代兽面。一为仿汉代样式的兽面纹。一为炉、瓶玉器皿主体装饰的大兽面纹，早期的作品为安徽朱晞颜墓出土玉卣所饰纹饰。

清代宫廷玉器，尤其是仿古玉器，延续了宋明玉器的兽面纹装饰传统，大量装饰兽面纹，如合符上的小兽面纹（《珍品全集·42》图27、图44），用于器物主体装饰的大兽面纹。但图案的组织有很多的变化，眉、眼、耳、鼻有多种样式。眉常见卷草式、卷云式、多枝式、绳纹式、宽带式。眼有圆环形、椭圆形、火焰形、折角雷文形、臣字形鸟形。鼻多为如意形，还有平鼻、钩形鼻。

五、历代玉器对清代玉器的影响

清代玉器是中国古代玉器发展的最后一个阶段，也是在历代玉器的影响下发展起来的，它吸取了历代玉器的精华，把中国古代玉器的制造推向全新的高峰。

1. 新石器时代、商、周玉器对清代玉器的影响

清・玉夔凤合璧

中国玉器有八千年以上的历史，至夏王朝建立亦经历了四千余年，其间制造了大量的玉器，于新石器时代之后的历代，新石器时代的玉器或入幽冥或现于世，不断地影响着后代玉器的发展，冲击着玉器市场，直至清代。清代宫廷收集到的新石器时代玉器，目前能见到的有龙山文化玉圭、璇玑，良渚文化玉琮、璜、环、璧、锥形器，石家文化类型的鹰纹类玉，红山文化的玉玦、玉鹰，齐家文化的璧、琮。还有一些目前我们尚不能判断其文化特征，但应属新石器时期制造的玉器。夏、商、西周时期的玉器，清代宫廷玉器时亦有出现，见有柄形玉器、龙纹玉、玉璧、玉兽形片。

对于西周以前的这类玉器，清代宫廷主要进行了收藏、研究、仿制。收藏主要源于皇族的爱好，上有所好，下有呼应。我们在清代造办处档案及宫内进单中，可以看到旧玉进入宫廷的一些情况。清宫与宋、明宫廷对古玩的收集，我们已无法比较，但从遗留之物来看，应是无不及且规模有加，尤其是古玉器，涉及之面更广，清宫廷对于古物大致有三种收藏研究情况：① 收藏后出目录，如书画《石渠宝笈》。② 收藏后出图录，如铜器的《西清古鉴》《宁寿鉴古》。③ 对小件器物装箱、出目录，如墨、玉等，目前清遗器物中尚能看到收藏玉器的“百什件”箱，内有多层盒，并有锦隔，上面画着所收藏器物的图形，写有名称。

清・玉夔纹大斧

对古玉器的研究是零散进行的，目前我们很难探究它的全貌，但可以看到一些现象，其中几种情况应是明显的：其一，皇帝为大量的古器物题诗。被题诗的新石器时代玉器有大小玉器，其中最重要的是收藏于台北故宫博物院的兽面纹玉器，有良渚文化玉琮、璧被题诗的。有御题诗的良渚文化的玉琮，一般都较矮，很难见到高大的多节琮，两节琮却很多，题诗中往往称作品为“杠头”，这是因为宋代至清乾隆时期，人们多认为琮是与璧相对应的片状玉器，清宫遗玉中的一些良渚文化玉璧，其上有斑驳的戗金痕迹，可知作品原被刻写了御题诗且戗金，推测其被磨去的原因，可能是对作品的认识发生了变化，所刻诗句不宜再在其上。另外，清宫遗留有乾隆朝大臣于敏中撰写的《宝环图识》并绘画，观其所绘为良渚文化龙首纹玉环，图识所言虽多谬误，但亦为见玉而感言。

在现代考古学对古玉进行科学研究之前，人们对古玉的认识存在着很大的偏差，清代尤其如此，其中最大的误识即在于不了解史前玉器情况，把一些本属史前之玉，列为夏、商、周三代作品。又出于儒学对西周礼制的崇尚，清宫廷复制了一批西周以前的玉礼器，社会上也制造了一些类似的仿古玉器。新石器时代至商、周玉器对清代玉的影响，主要存在于仿古玉器之中。

2．东周至南北朝玉器对清代玉器的影响

东周时期，玉器的发展出现了新的变化，玉佩体系发达，玉用具种类增多，装饰图案以单元组合的四方连续排列最为显著，同时也较多地使用了侧面的龙首及正面的兽面图案。这样一种治玉风格一直影响到了南北朝时期，是秦、汉、南北朝玉器的重要流派。因此在古代玉器发展的阶段划分上，人们将东周至南北朝玉器划分为同一个发展阶段。

在清代，对于这样一段时间里使用的玉器很少有明显的阶段划分，乾隆御刻诗中一般称这一段的玉器为“汉玉”或“古玉”。如丁未年“咏古玉夔纹佩”、戊申年“题汉玉长乐佩”等，这些被称为“汉玉”与“古玉”的作品对清代玉器的影响是巨大的。主要的表现有几点：第一，影响了清代的佩玉制造。佩玉是明清以来最为流行的玉器品种，它的组成是多方面的，仿战国至汉代玉佩是其中的重要内容。目前我们见到的清代宫廷仿古玉佩，样式较多的作品主要有几种：一为仿古夔龙佩、蟠螭佩，佩的基本形态是由战国至汉代流行的龙纹、蟠螭演进而来。一为明清以来流行的仿汉“螭玦 ”佩，其基本形状为瓦状，中部较实，或有圆孔，边部镂镂雕图案，这类玉佩的源头是汉代的蝶形佩、鸡心佩。一为“宜子孙”

清・玉镂雕夔凤长宜子孙璧

玉佩，清代宫廷用有较多清代本朝制“宜子孙”玉佩，其中有一些有乾隆年制款，有一些虽无制造年款确有硬木填充套及带有乾隆或嘉庆御笔字、画和书式盒。这类玉佩就是仿照汉代“宜子孙”玉佩制造的；第二是影响了清工仿古玉器的图案，如按图案分类，清代仿古玉可分为兽面纹、螭纹、夔纹、勾云纹、谷纹等图案仿古玉器，其中仿战国到汉代玉器图案占有相当的比重。

3. 唐、宋、元、明玉器对清代玉器的影响

相对东周至南北朝玉器而言，唐、宋、元、明玉器开一代新风，是一种完全不同的风格，作品造型趋于简练、实用，图案更具现实主义的写实风格。

唐、宋、元、明玉器对清代玉器的影响主要表现为玉器品种的影响、玉器图案风格的影响等方面。

唐、宋、元、明代玉器的写实的自然主义风格，实用性风格，北方民族玉器风格在清代玉器中有较多的表现。

写实的自然主义风格主要存在于花鸟、动物、人物玉件的表现之中。魏晋以前，玉器中的这一作品多有夸张、变形 ，其中花朵多为变形的几何体。动物或夸张、神化，或改变身体各部分间的比例。唐以后，玉器中的作品造型接近于真实，这一风格延续到了清代，于宫廷玉器中有所发展，清代宫廷中的欧洲画师，把绘画中的写生带入宫廷艺术，清代宫廷玉器中的很多作品，造型、图案中都表现出作者的写生基础。

自古而来，人们便崇尚玉用具的使用，但文献有之，实物甚少。唐、宋以来可

清 · 玉仙人乘槎

实用的玉器逐渐增多，对清代宫廷玉器也有很大影响，尤其玉餐具、玉文具明显，汉以前，玉餐具样式受铜器影响较大，唐以后，样式较为自由，与实用性较强的瓷器、金银器更接近。清代宫廷玉餐具可分为两类，一类实用性强，作品又主要突出玉质，这类作品造型规整，厚度均匀，较少装饰。一类即实用，又具陈设性，作品华丽、厚重，工艺精湛。玉文具是在汉代兴盛起来的，到宋、明之时使用的很普遍，但各类作品的样式较少变化，常见为山形笔架、兽形水丞等，清代宫廷玉文具更具观赏性，数量多而少重复。

清・嵌金丝花卉纹玉碗

金・卧鹿纹玉饰

唐以后，宋、辽、金经济发展的水平虽有差距，但都很重视玉器的使用，玉器风格出现了不同的地域特点，如辽代飞天，金代春水题材的带饰、头饰，山林雄鹿图案的玉饰等。元、明时期，蒙古、新疆地区也具有地方色彩鲜明的玉器。清代玉器中的一些作品、造型、图案就是从这些北方民族玉器中演化而来，同时还有少量的仿制北方民族玉器的作品。

注释

[1] 见《故宫博物院藏文物珍品全集・玉器・下》

[2] 转引自《说玉》

[3] 见《中国玉器全集・6》

[4]见杨伯达《古玉精粹》
[5]见杨伯达《古玉精粹》
[6]见第一历史档案馆藏清宫造办处《各作成做活计档》
[7]见第一历史档案馆藏清宫造办处《各作成做活计档》
[8]见第一历史档案馆藏清宫造办处《各作成做活计档》
[9]见第一历史档案馆藏清宫造办处《各作成做活计档》
[10]见第一历史档案馆藏清宫造办处《各作成做活计档》
[11]见《清高宗御制诗文全集·五集》91卷《题和田玉螭夔壶注》
[12]《高宗纯皇帝实录》1458卷
[13]《清高宗御制诗文全集·五集·16卷》，《咏玉牛》诗注
[14]《高宗纯皇帝御制诗文全集·余集》9卷，《题和田玉如意》诗注（嘉庆二年）
[15]《高宗纯皇帝御制诗文全集·五集》90卷《咏和田玉石宝载书图》诗注
[16]《皇朝礼器图式》
[17]《皇朝礼器图式》
[18]《中国玉器全集·5》
[19]《中国玉器全集·5》
[20]清宫造办处《各作成做活计清档》
[21]清宫造办处《各作成做活计清档》

清代玉器佳作赏析

清　和田白玉驭马图

清　和田白玉双耳活环洗

清　和田白玉瓜棱纹洗

清　和田碧玉灵芝耳洗

清　和田碧玉海晏河清烛台（一对）

清　和田碧玉花卉纹瓶（一对）

清　和田碧玉莲纹瓶

清　和田白玉双凤耳瓶

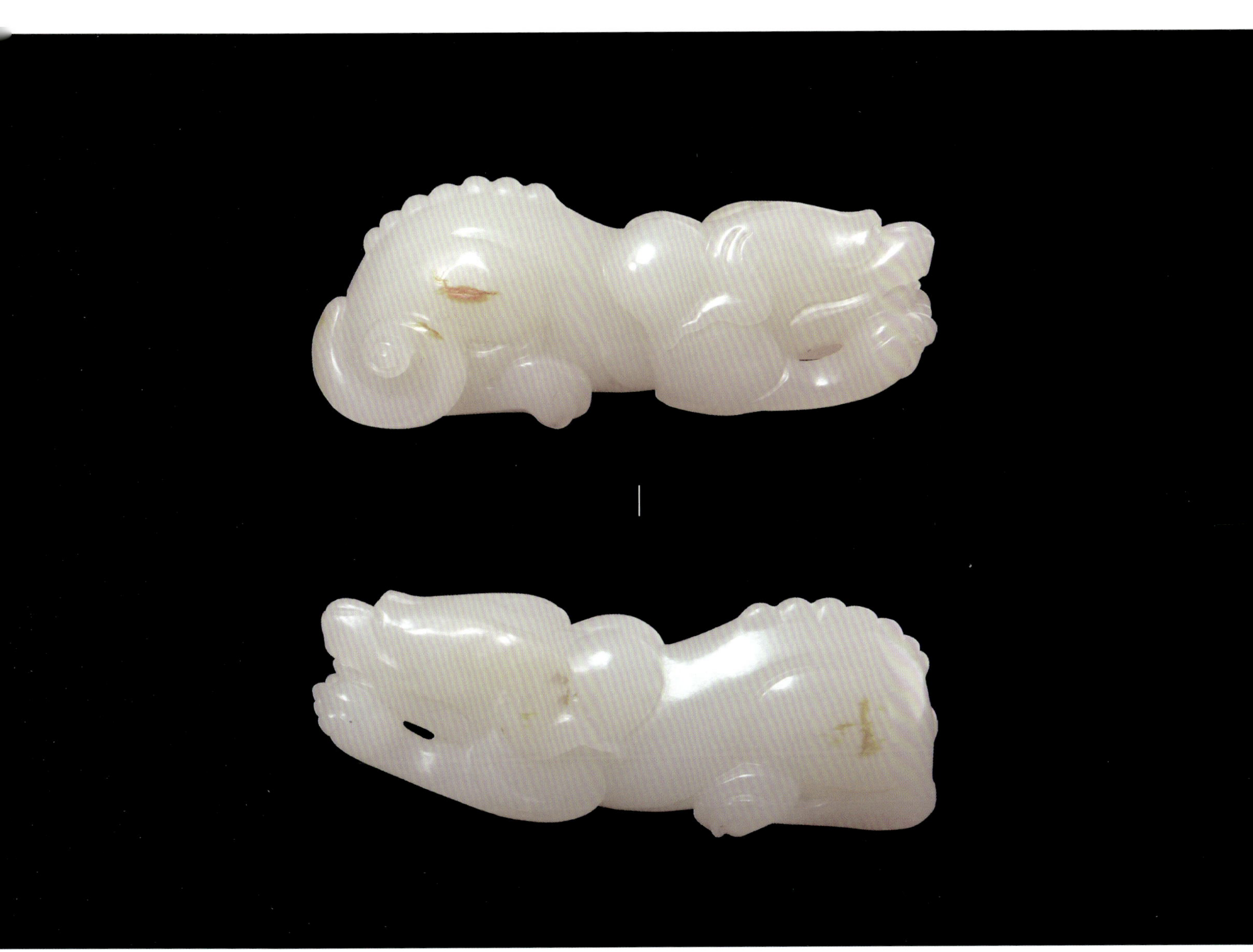

清　和田白玉狻猊

清　玛瑙花卉纹印盒

清　和田白玉梅花诗文纹鼻烟壶

清　和田白玉兰花诗文纹鼻烟壶

清　和田白玉兰花诗文纹鼻烟壶

清　和田白玉梅花诗文纹鼻烟壶

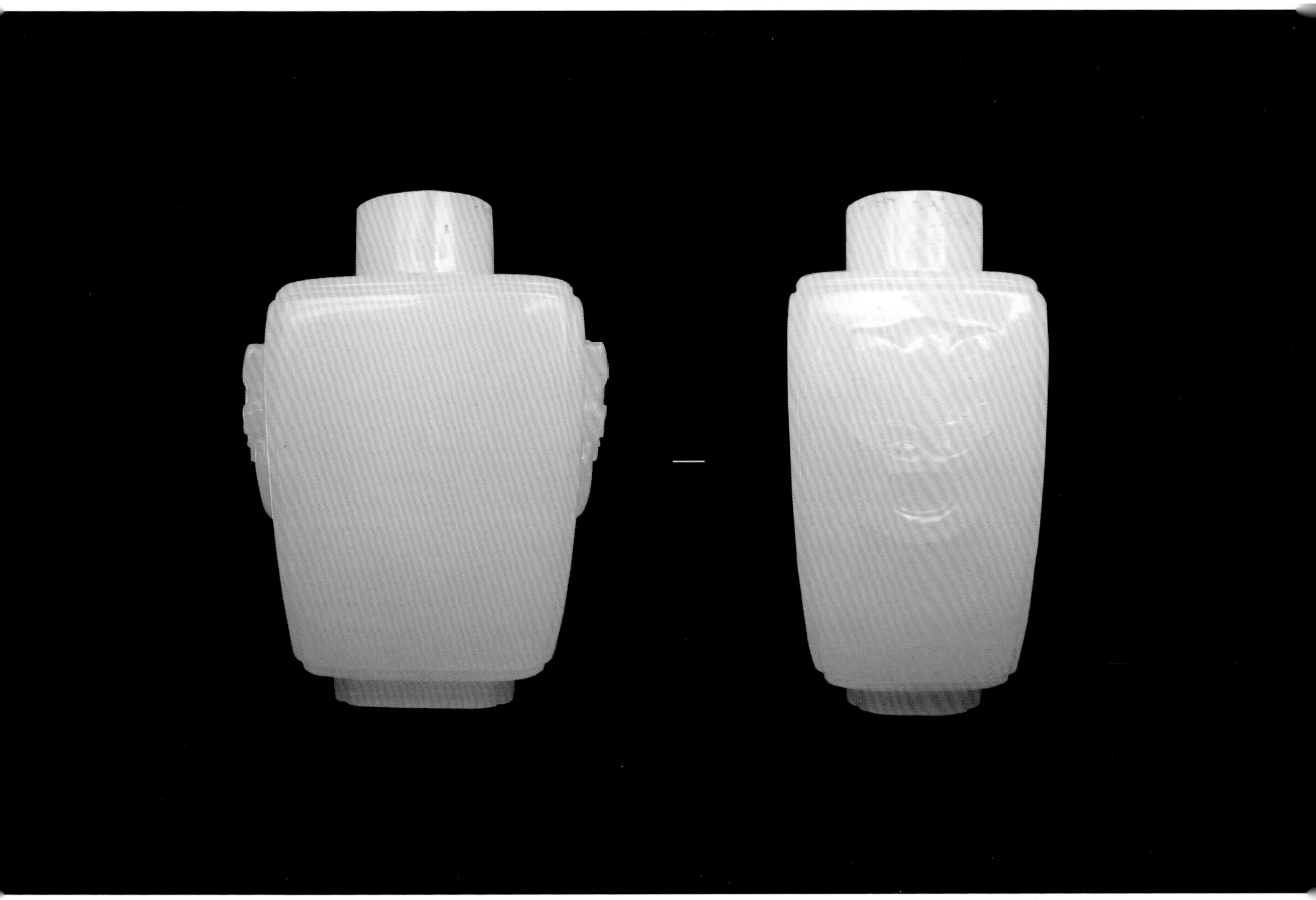

清　和田白玉铺首纹鼻烟壶

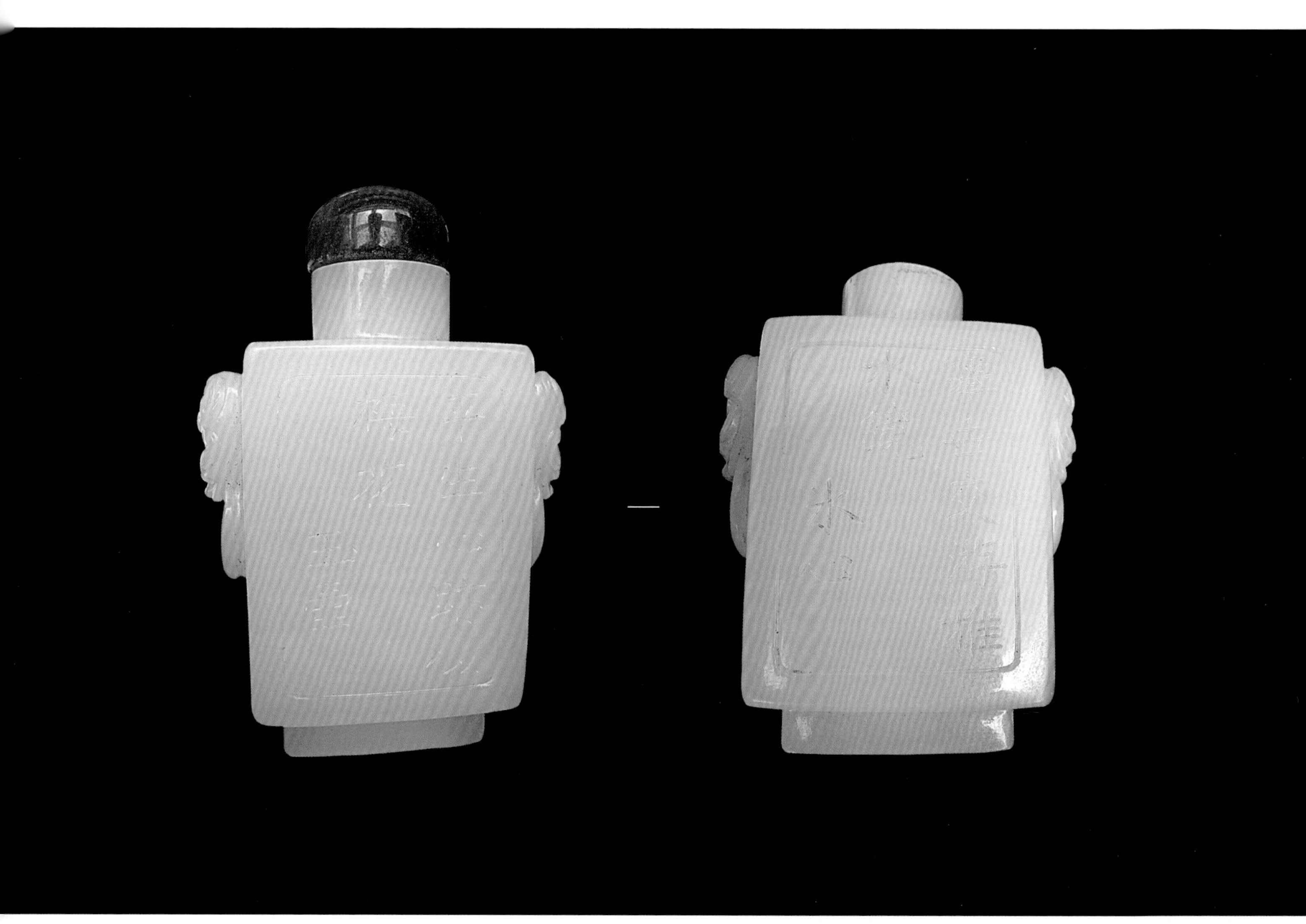

清　和田白玉铺首诗文纹鼻烟壶

清　和田白玉祥云纹双口鼻烟壶

清　和田白玉祥云纹鼻烟壶

清　和田白玉人物纹鼻烟壶

清　和田白玉葫芦形鼻烟壶

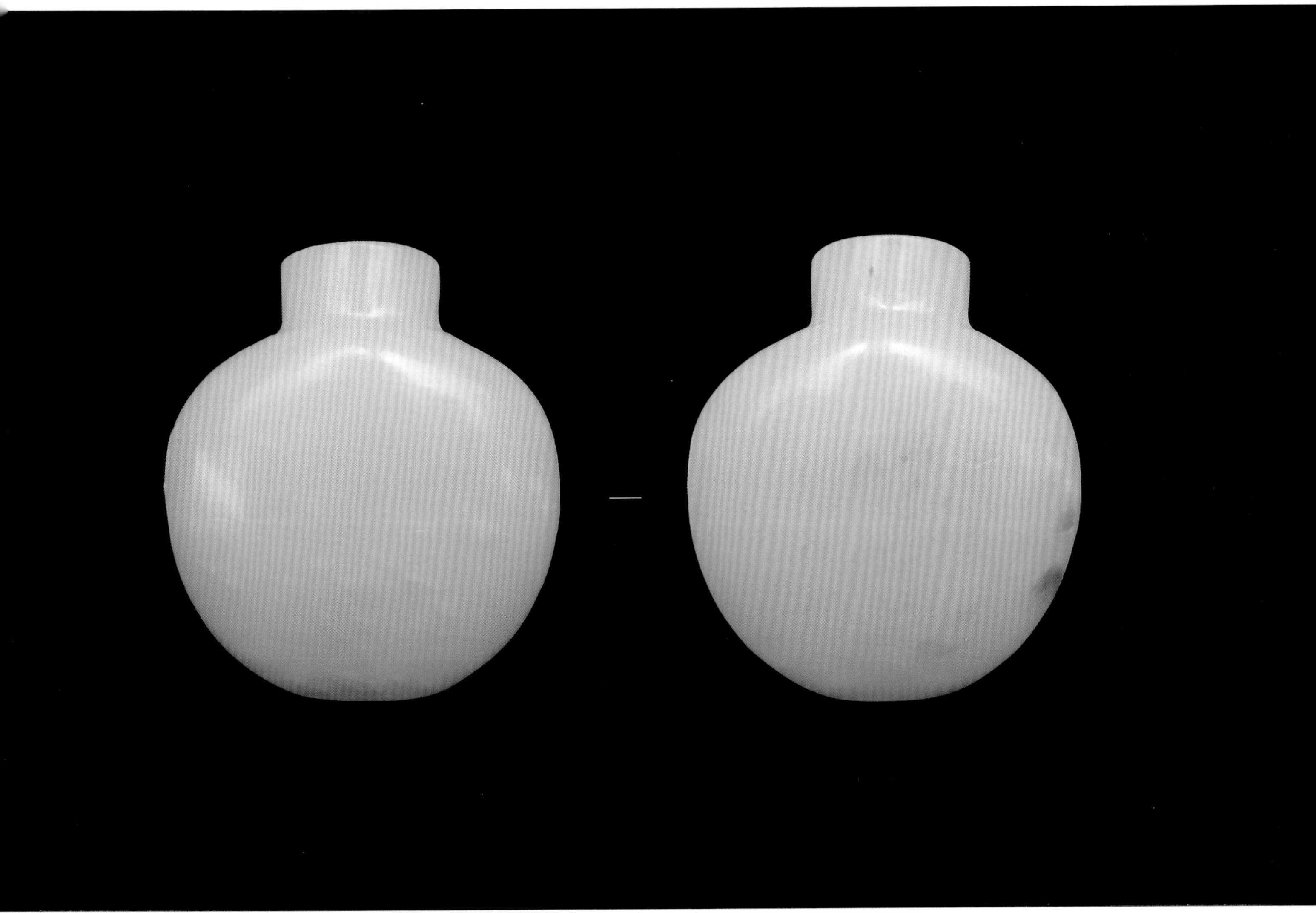

清　和田白玉鼻烟壶

清　和田白玉红皮鼻烟壶

清　和田白玉鼻烟壶

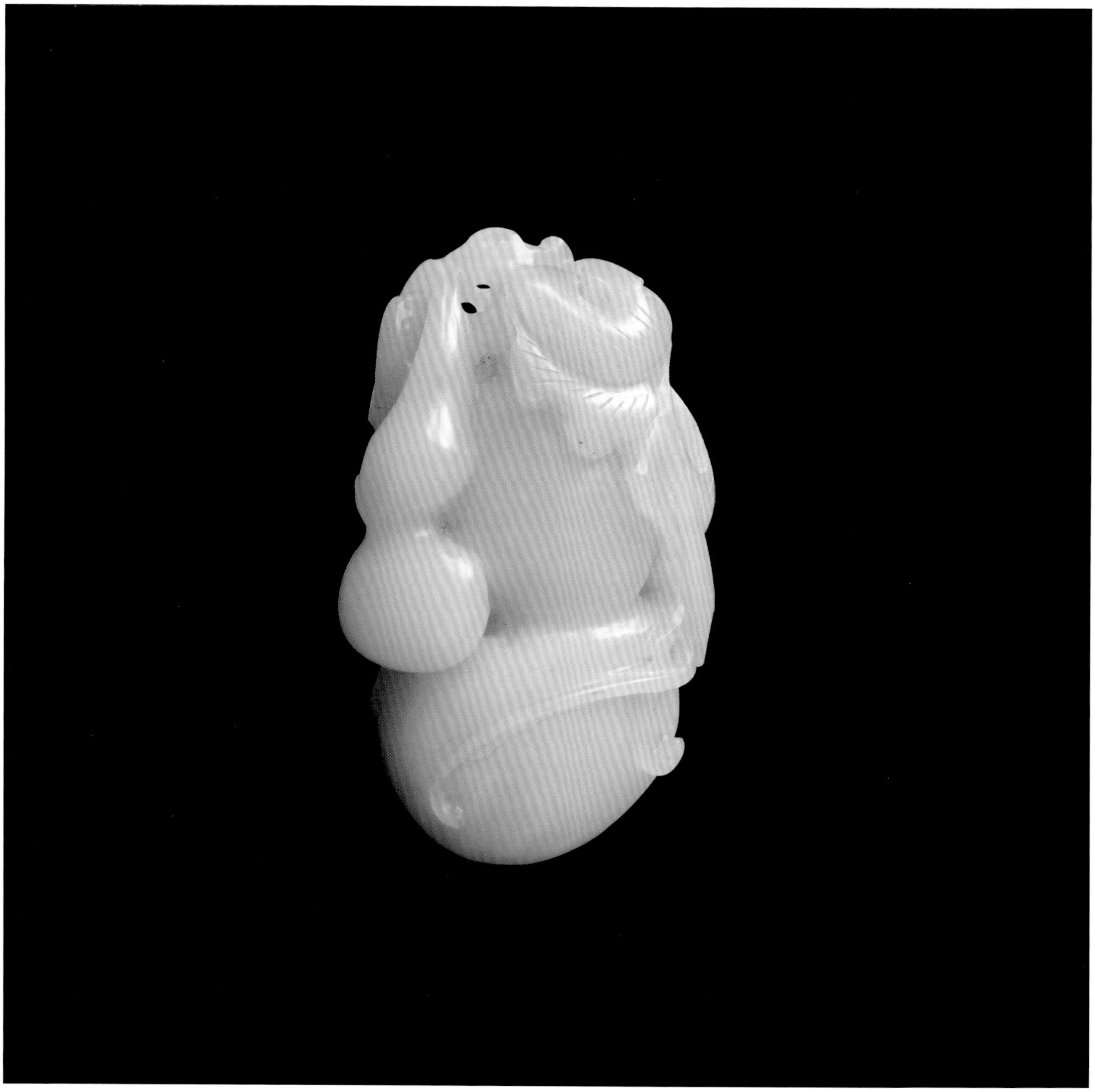

清　和田白玉葫芦形坠饰

清·乾隆　白料画珐琅山水人物故事鼻烟壶

清·乾隆　白套红料画珐琅花蝶纹鼻烟壶

清・雍正　白料画珐琅桃花纹鼻烟壶

清　套彩料龙纹鼻烟壶

清·乾隆　粉彩婴戏图鼻烟壶

清　粉彩雕瓷人物故事鼻烟壶

清·乾隆　紫砂泥绘人物故事鼻烟壶

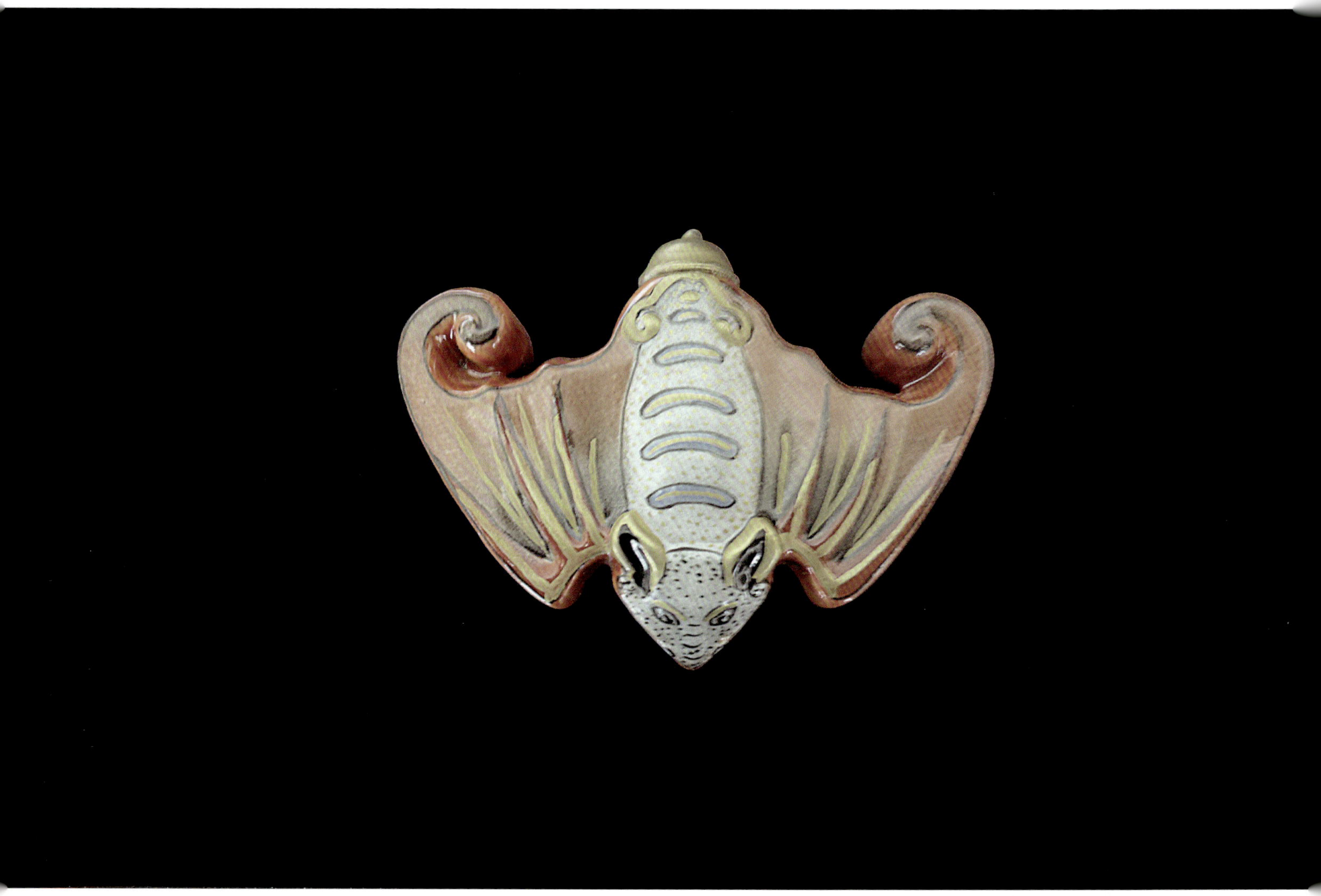

清·乾隆　粉彩蝙蝠形鼻烟壶

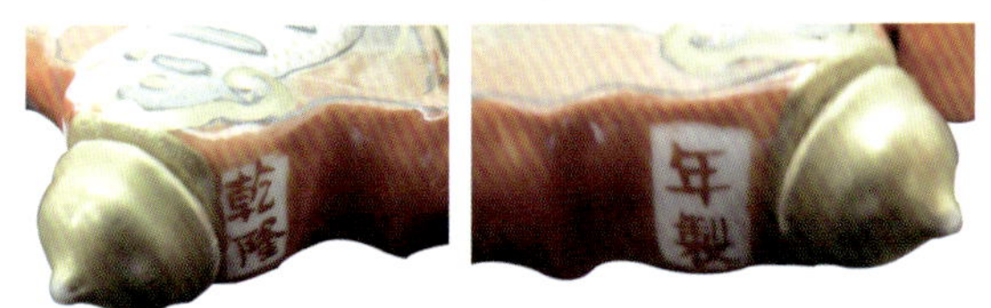

京派玉器

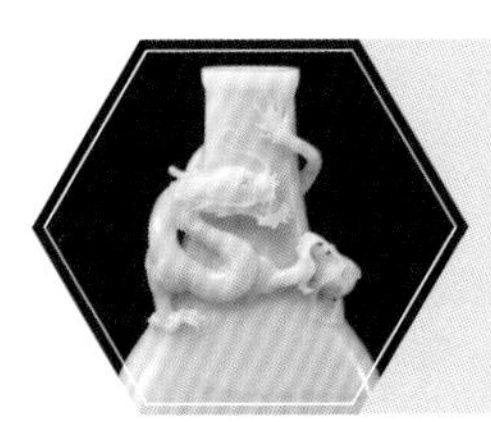

北京玉雕艺术发展脉络综述

□白　静

北京有着三千余年的建城史和八百六十年的建都史，目前所知北京建城的历史从西周初期开始，贞元元年，金朝皇帝海陵王完颜亮正式建都于北京，称为中都，在今北京市西南。此后元朝、明朝、清朝的都城均建立于此。

作为华夏民族自古以来的国都重地，纷繁复杂的历史变迁和厚重的文化积淀造就了北京特有的地域文化传统。北京玉雕就是在这种特殊的文化土壤中生长出来的艺术瑰宝。

一、北京玉雕的历史传承

玉雕是中国特有的工艺品，自古就有体现不同琢制风格的“南玉作”和“北玉作”之分。概括来说，古代南玉以苏州、扬州为中心，如轻清柔缓的评弹一样飘逸、儒雅、灵秀；北玉以北京为中心，如铿锵有力的京剧一般大气、浑厚、雄伟。北京玉雕历史悠久，早在新石器时代的“山顶洞人”，就用玉器作为妇女的装饰品。在以后的漫长岁月中，历代繁衍，逐渐形成工艺精湛、造型优美的玉雕艺术。

西周・玉柄形器（北京房山琉璃河西周燕国墓地出土）

北京玉雕工艺和艺术理念自古以来就是中国玉雕的典范形式。由北京玉雕的历史可以尽览中国玉雕的发展史。被誉为北京传统手工艺的“四大名旦”之一。玉雕技艺源远流长，深厚精湛，在制作上“量料取材，因材施艺；顺应造化，天人合一”成为琢玉的重要法则。北京玉雕是原宫廷玉雕工艺的继承和发扬，北京玉器业的历史当从琉璃河燕都和广安门蓟都开

清·玉圭

始。2008年，“北京玉雕”入选《第二批国家级非物质文化遗产名录》。

北京玉雕是深受宫廷文化影响的艺术门类，是原宫廷玉雕工艺的继承和发扬。考古资料显示，史前时期的玉器主要作为沟通天地神灵的特殊器具而存在，夏商时期的玉器则为象征权威神力的仪仗武器，直至西周时期，玉器则主要用作标识身份高低贵贱的佩饰，总之，其功能性和审美性并存。历代帝王多以玉为瑞，把玉器使用作为天命的表现，一些王朝更将玉器使用制度化，列入国家礼制之中。宫廷玉器作为帝王专属的皇家礼器，一方面被用来表明皇族至高无上的权威；另一方面被用在举行祭祀、宴飨、征伐及丧葬等礼仪活动中，为“礼治”的象征。如璧、璋、琥、琮、圭、璜等，便是以器载道，向普天下宣扬正统正道的代表器物。“器为道之形”，于是，宫廷玉器的这种与生俱来的文化属性，便决定了它厚重、大气、典雅、富丽的艺术风格，与其在形制、内容上以儒家正统文化为标准，以引领主流社会意识形态为主旨的特点。

宫廷玉器由来甚久，而盛行于清代。公元1736年，乾隆皇帝即位，他把玉器作为中国文化的重要组成部分，非常重视玉器的收藏与研究，仅咏玉诗就达八百首以

清·螭纹璧形玉插屏

上，还撰写了《搢圭说》《圭瑁说》等有关玉器方面的论述，在制造和使用玉器方面，亲自参与了部分玉器的设计，还对玉器的使用作出了严格的规定，对玉器的发展起到了至关重要的作用。在他的推动下，宫廷玉器的数量和品类超过了历史上的任何一个王朝，用玉范围遍及宫廷生活的各个方面。中国古代玉器的发展此时达到了顶峰。皇族国戚所引领的上层建筑对于玉器的情有独钟，直接促成了诸如养心殿造办处、武英殿造办处等皇家专属玉作、金玉作的建成。这时的宫廷玉雕可谓集合了全国最优越的玉雕艺术资源，最好的玉料作为贡品由国家机构专门管理，来自全国的能工巧匠们经由翰林院学士组成的宫廷文人策划团队的指导，玉雕理念汲古博今，因而创造了北京玉雕前所未有的辉煌成就。

由于宫廷玉器在传统的京城文化中被奉为重器，民间的玉器行业也是旧北京地位相对较高的行业。北京玉器行的名手名家们很受人尊敬，艺人的报酬也较丰厚并被尊为“先生”。自周代礼制文化形成后，中国人一直把玉器看成是身份地位的象征，古时的有钱人常随身佩戴玉器。自宋朝掀起藏玉雅风以后，玉从宫廷贵族渐渐扩展到了民间。明清以后，与宫廷玉作相对，在北京花市、崇文门、前门外一带开设了许多大小不等的玉器作坊，技艺高手脱颖而出，他们追随着宫廷造办处的工艺潮流，吸引了全国各地的达官显贵或文人雅士，于是，北京就成为中国的玉器中心。

北京玉雕是北方玉雕的代表。北京玉雕受到皇家文化的传统影响，同时融合北方游牧民族豪放的风格，由此形成了、厚重沉稳、典雅大气的风范。表现手法以圆雕和浮雕的作品较多，图纹工艺亦比较复杂，材质为翡翠、玛瑙、白玉等应有尽有。能工巧匠利用玉石的自然形状、色泽、质地、纹理和透明度，创作出许多巧夺天工、妙趣天成的珍品。玉器制作的工艺过程，概括为“议、绘、琢、光”几个阶段。北京玉雕品类繁多，包括器皿、人物、花卉、鸟兽、盆景、首饰等。如在明、清两代宫廷遗存基础上建立起来的北京故宫博物院收藏的各类仿古玉和时作玉，均呈现出一种高贵典雅的气质和悠然洒脱、落落大方的皇家风貌。其中乾隆朝收藏、使用

清·龙纹玉瓶

和制造的作品超过一万件，涵盖面广，并保留了较完整的用玉体系。尤其是动物形圆雕，无论是兽类，还是禽类，大都丰满圆润，刻画得敦实健壮。器皿类则较为厚重、平稳，虽然有时也作花草缠绕，盘根错枝的艺术处理，但仍不失其淳朴、端庄的地方特点和舒展开朗的北方风格。

二、新中国成立后的新风貌

中华人民共和国成立后，国家政府非常重视文物保护工作。50年代初，为保护好故宫数量巨大的古物瑰宝，故宫博物院制定了“着重保护、重点修缮、全面规划、逐步实施”的古建维修方针，经过几十年的努力，终于重现了昔日皇城的风貌。 在文物工作方面，五六十年代的重点是对故宫博物院旧藏的清宫文物重新清点核对，登记造册，进行鉴别、分类和建档。与此同时，还通过国家调拨、向社会征集和接受私人捐赠等方式，大幅度地填补了清宫旧藏文物时代、类别的空缺和不足，诸如石器时代和商、周时代的青铜器、玉器等。

面对玉器行业的一片空白，政府多次下达指令复兴玉雕这项传承历史最悠久的传统手工艺。政府组织人员开辟国内外市场，将失散的个体玉作艺人组织起来建厂、建社，从业人员达千人。在考古研究的基础上，老一辈玉雕艺人呕心沥血将失传手艺充分复原，在玉器各个品种的门类上，技艺高手脱颖而出，艺术流派纷呈。北京玉器行涌现出了有“四怪一魔”之称的潘秉衡、何荣、刘德瀛、王树森、刘鹤年大师及王仲元、夏长馨、王树森、高祥、张云和等北京玉器工艺传承的第一代大师。

1958年北京市玉器厂成立。北京市玉器厂培养了位居行业领先地位的15名国家级玉雕工艺美术大师、28名北京市级玉雕工艺美术大师及众多优秀技术工人，创作出大批堪称国宝级的玉雕珍品。还帮助培训其他省市玉器技术人员，派出技术人员及管理人员帮助多个省市建立了玉器厂。自1981年起，连续八届荣获中国工艺美术品百花奖金奖。用十年时间为国家制作完成了《岱岳奇观》《群芳揽胜》《四海腾欢》《含香聚瑞》四件艺术珍品，原料之贵重、创作之精美，为古今中外所未有，堪称国粹珍宝，是玉雕艺术推陈出新的典型。翡翠杰作各尽其美，其质色异彩纷呈，形饰丰富多彩，琢法奇异殊妙，风采卓尔不群，令观者叹为观止。体现了创作集体弘扬民族文化的爱国主义精神和高超的技艺水平。四件翡翠珍品通过国家级鉴定验收，永久珍藏于中国工艺美术馆。

1958年是北京手工艺术良好的发展时期，北京市创办了工艺美术研究所，安排部分有造诣的师傅在所内从事琢玉研制；创建工艺美术学校，培养一批从事玉器雕刻的人才。经过多年的培养、历练，涌现出的优秀人才成为了北京市玉器厂第二代、第三代国家级工艺美术大师、北京市级工艺美术大师。

宋建国：玉摆件

改革开放后，计划经济逐步解体，市场经济时代到来。北京玉器行业经历了化整为零、国有、集体玉器加工企业由盛而衰的转变，新兴的业态多为小型的工作室与加工企业。由从业人员看，北京玉器行的中国工艺美术大师为全国之最，但以老师傅居多，中青年较少，也因此缺乏新生代领军人物。北京玉器行基本以琢制翡翠为主，其次是玛瑙，再次为白玉。玉雕风格依旧以传承京城皇家玉雕传统为主，较少创新。就器型而论，北京玉雕以瓶素、山子、花鸟、人物等为主。其中山子以“砍山子”为特色，将原料“砍”出需要的造型，然后据情节构图施艺。“北京工”的山子外形雄伟，有气势，构图按照中国画散点透视的原则设计，近景、中景、远景相呼应，构成整体。北京的瓶素，也就是器皿类，如炉、瓶等，也以雄浑、大气，讲究整体的气势著称，宽胎与厚重是其传统特征，尤其以花熏及大链瓶为特色。相比之下，北京的人物不像南方雕琢得更有纤细玲珑，但北京人物雕塑注重人体结构，以动感及鲜明的造型为风格。

三、多元化的当代“京味儿”玉雕

新世纪伊始，北京玉雕业迎来又一次振兴。北京玉器行从业人员自觉地学习借鉴全国各地玉雕艺术成果，在传承传统京城玉雕的同时尝试创新与突破。新时代的北京玉雕主要从以下几个方面有了显著的发展，并表现出特色鲜明的“京味儿”风格。

继续挖掘宫廷艺术精髓，传承是创新的基础。北京作为古时皇都重地发展至今，其历史脉络清晰，艺术底蕴丰厚，优秀的本土文化基因传承有序，并在几千年的发展过程中形成了独特的宫廷审美文化，这些文化遗产作为玉雕艺术的文化

蔚长海：含香聚瑞（图片提供：博观广告）

资源优势，是其他地区所无法比拟的。例如，蔚长海大师的作品用料严谨、做工精细，其作品风格富丽堂皇、厚重古朴、稳重大方、浑然一体、简练典雅。尤其擅长玉器器皿的创作，他创作的炉、瓶、熏、兽类精品众多，特别是薄胎和"金镶玉"等传统宫廷技艺独具特色。

与时俱进，北京玉雕更有时代感。市场经济的高速发展刺激着玉雕艺术的创新。当代玉雕离不开收藏市场，北京汇聚了众多大型拍卖企业和玉器交易市场，玉雕在买卖流通过程中将更加贴近人们的收藏需求，反过来，优秀的玉雕师创作出的好作品也会引领市场潮流。例如，北京古玩城是目前亚洲最大的古玩艺术品交易中心。白玉精品厅设有全国各地白玉商家分店，汇聚了为数最多的各地大师级精美作品，白玉市场销售额全国最高，其品牌效益为全国之首。另外还有，天雅古玩城、官园珠宝城、潘家园旧货市场等大型玉石玉器贸易集散地，其中均有来自全国的行业中领军企业进驻。例如北京中鼎元珠宝有限公司近年来进行高精尖产品研发、制作，创作风格前卫、理念前瞻的玉雕作品。他们首创将现代题材内容融入玉雕艺术，引用当代文化名人的诗词和纪念重大历史事件，相对于古典题材更增加了文化的亲和力和爱国信仰，此类玉雕作品具有很高的收藏价值和升值潜质，在全国各地展览中屡受好评。

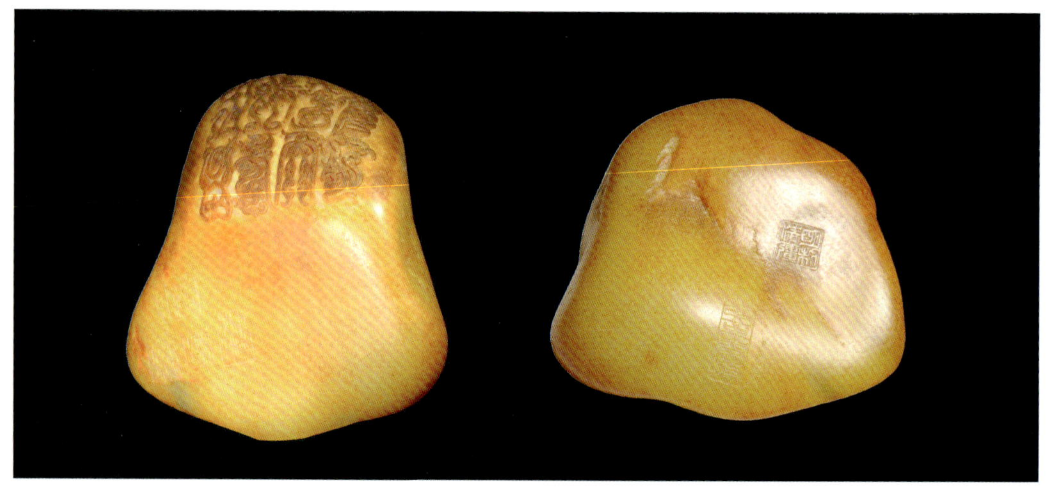

中鼎元苏然：复兴石（图片提供：博观广告）

苏然、裘进：咏梅牌（2005年天工奖银奖作品）

全球化信息时代到来，当代玉雕艺术迎接中西碰撞。北京不仅是政治、经济中心，也是全国的资讯站，对于玉雕行业来讲，如同全国的玉文化的首脑，肩负起汇集讯息并传播信息的使命。信息技术的发展对人们学习知识、掌握知识、运用知识提出了新的挑战。北京市在近年来逐步形成了多个文化艺术展览馆和商业区，并出现了以古玩城、珠宝城和各大高校为阵地的学术交流中心和全国性的奖项评比活动，北京玉雕这项传统手工技艺开始尝试新的设计理念，北京玉雕从工艺品走向艺术品的行列。

人才是关键，玉雕风格即是创作者的个人风格。玉雕是一项传统手工技艺，作为非物质文化遗产，几百年来因循师徒口耳相授的方式流传至今，其脆弱的传承链条容易受到各方面的影响，其中最大的因素就是人才培养。在当代，玉雕人才需要具备扎实的理论实践功底。北京是全国最大的科学技术研究基地，也是全国教育最发达的地区。北京是全国高等院校的中心，聚集了全国数量最多的著名高校。北京市共有普通高等院校九十余所，其中包括北京大学、清华大学、中国人民大学、北京师范大学、中央美术学院、中国地质大学等全国最为著名的学府。北京玉雕艺人从师徒口耳相授的传统教学模式转变为到大专院校系统学习绘画、造型知识，将传统文化遗产更科学有效地传承下去。如宋世义大师开始曾师从王树森等前辈玉雕艺人，后在清华大学美术学院、中央美术学院学习进修，具备了较高的文化理论修养、扎实的雕塑绘画基础、丰富的生产实践经验。在生产制作、创意设计、授艺课徒、理论教学、绘图撰文等领域展现出多方面的艺术才华。中国玉雕大师苏然成立的玉雕首席技师工作室，为当代玉雕培养出一大批优秀的传承人，作品多年来在全国各大奖项评比中屡折

宋世义：珊瑚丝路花雨（图片提供：博观广告）

桂冠。在培养方式上，苏然尊重学徒的个性特色，分成研发小组，她利用休息时间，在每周的一、三、五晚上，组织工作室成员学习绘画、造型基础知识，并请专家学者亲临指导。他们将“宫廷风格”的北京玉雕推向全国并达到了一个新的高度，受专家、藏家、商家、玩家的广泛认可。

北京玉雕在今后将继续发挥地域优势，整合资源，挖掘本土文化，传承老北京宫廷玉作的精髓。与此同时，北京玉雕人将以“爱国、创新、包容、厚德”的北京精神迎接新时代，用更加开放、包容的心态投入艺术创作，引领当代玉雕艺术的新风潮。

中鼎元苏然大师与艺术创作团队共同探讨作品

京派玉器佳作赏析

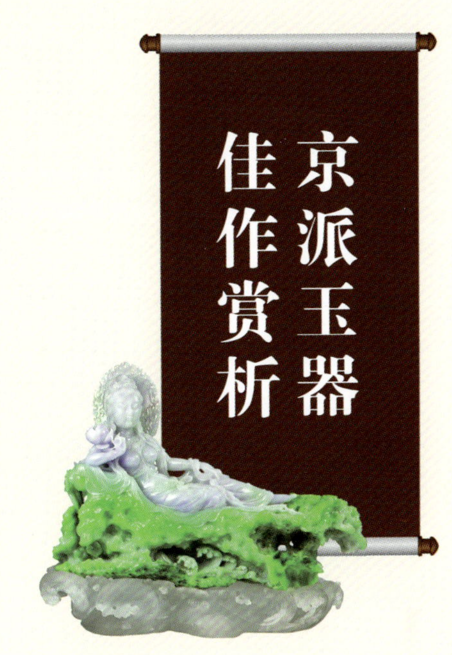

普 度

——翟倚卫、苏然《妙相光明套牌》赏析

□白　静

《妙相光明套牌》以佛教四大菩萨的庄严法相及其道场为题材，由中国南北两位玉雕大师——翟倚卫、苏然联袂雕琢，张海、卢景辉等六位书法家运笔泼墨合作而成，其立意之高雅、选料之精良、工艺之精湛，堪称我国当代玉器艺术品的力作。

中鼎元刘书占先生，数年前得一美玉，堪称羊脂，质感温润，色白纯正，结构细腻，是白玉中的极品。在中国传统文化中，白玉不仅象征着“仁、义、智、勇、洁”的君子品德，而且还象征着“美好、高贵、吉祥、温柔、安谧”的世俗情感。在中国历史上，羊脂白玉一直以来因其量少奇美，异常珍稀，只有帝王将相王公贵族才能拥有和佩戴。羊脂玉的美有一种神秘的魅力，油润细腻的质地，“色如截脂”的净白，“常如肥物所染”的光泽，皆符合中国传统文化含蓄中和的审美观念。她不是张扬、艳丽、耀眼的美，她所散发的是那种独特的“精光内蕴”之美，羊脂白玉的美代表了玉器材料美的最高境界。

为了雕琢这块美玉，刘书占先生请翟倚卫、苏然二位大师联袂创造，二位大师在作品创意上颇费思量。首先，选择题材。既不能落入俗套，也不能空高自赏，题材一定要和这块美玉相匹配；其次，雕琢工艺。雕琢如此美玉，要最大限度地保留原石的天然之美，谓顺应自然；最后，表现形式。恰当的题材内容，精美的雕工，都是为了表现作品的思想内涵，使作品具备韵味悠长、启迪人心的艺术效果，因而在表现形式上，要达到最佳效果。考虑到以上因素，几位大师在这块玉的创意上几易其稿，最终选定神圣尊贵的佛教题材，旨在敬天礼佛，开启智慧，播撒光明，泽被苍生。

题材有了，如何表现这一题材是几位大师思考的问题。佛教里有四大菩萨，象征四种理想的人格，即：愿、行、智、悲。象征愿力的是地藏王菩萨，象征实践的是普贤菩萨，象征智慧的是文殊菩萨，象征慈悲的是观音菩萨。中国佛教四大名山，实际上原是佛教的四大道场。道场是佛教的一个术语，指佛祖或菩萨显灵说法的场所。四大菩萨的道场分别在普陀山、五台山、峨眉山、九华山。普陀山相传为观音菩萨显灵说法的道场；五台山位于山西省五台县，山有五台，故名五台山，传说为文殊菩萨显灵说法的道场；峨眉山位于四川省峨眉市，相传是普贤菩萨显灵说法的道场，佛教称峨眉山为“光明山”，峨眉山山顶的光相寺，相传为普贤菩萨显

灵说法的地方；九华山位于安徽省青阳县，传说是地藏菩萨显灵说法的道场。

将四大菩萨与四大道场有机地结合起来，表现出佛在道场也在心中的境界，成为两位大师的创作目标。为了表现佛教的这种恢弘与神圣，两位大师采用套牌的形式，将四大菩萨与四大道场同时呈现在世人面前，并配以诗文，取名《妙相光明套牌》。

《妙相光明套牌》由五片玉牌组成，第一片为序，由书法名宿张海题名："妙相光明"，灵景辉作序，二人功法老熟，神韵合璧，后四片玉牌的正面分别雕有四大菩萨法相和诗文，背面则琢有相应的各个菩萨道场的胜境。

牌片正面上部以观音、文殊、普贤、地藏四菩萨为尊，由中国玉石雕刻大师苏然创造。为了更生动地表现菩萨的尊容，苏然大师专程前往敦煌观摩学习。敦煌壁画和塑像清晰地记录了从北魏、隋唐、五代到宋朝佛教艺术风格的演变。这些艺术作品使苏然受益匪浅，特别是唐代佛教作品更为她找到了借鉴范本。唐代经济繁荣，文化发展，艺术作品纹饰图案丰富而优美，佛教造像丰满圆润，体现出一派和谐有序的审美潮流。正是汲取了这些艺术养分，苏然大师创造的四尊菩萨形象，法相端庄雍容，衣饰自在飘逸，皆结跏趺坐，双目微合，似有悲悯之情，达到了人物创作的新境界。

观音菩萨是阿弥陀佛的左胁侍，"观音"是梵文的意译，原为"观世音"，传说唐代避李世民名讳，略去"世"字简称观音。佛教认为她大慈大悲，普救人间疾

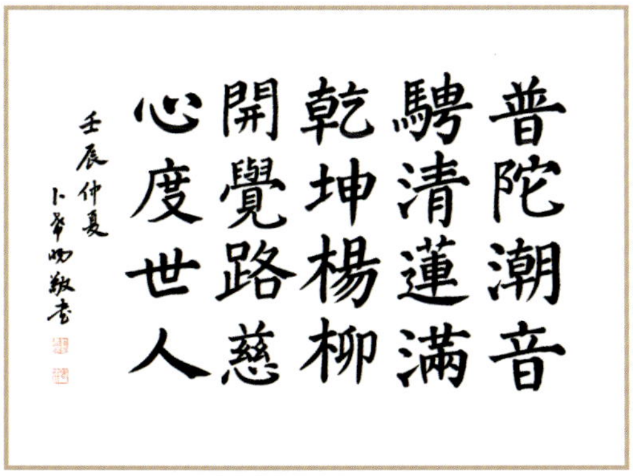

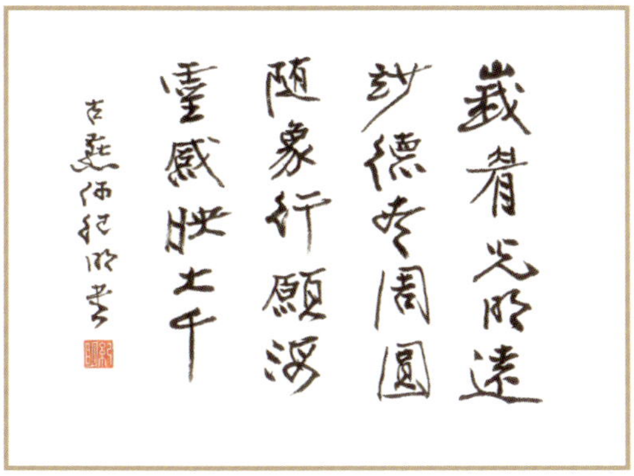

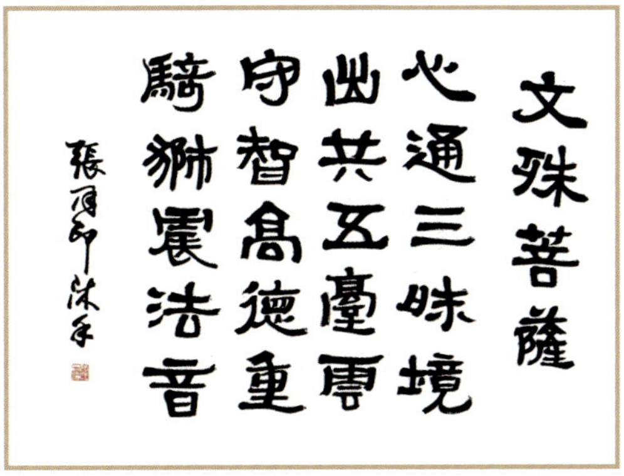

苦。在民间信仰中，她具有无量的智慧和神通，当人们遇到灾难时，只要念诵其名号，便前往救度，故称观音。作品中的观音菩萨相貌端庄慈祥，呈正面坐姿，一手自然垂放在膝上，端坐于莲花宝座之上，体态丰腴饱满，冠饰工整生动，非常具有立体感。

文殊，全称文殊师利，是梵文的音译，意思是“妙德”“妙吉祥”等。在佛教寺院中，文殊菩萨常被塑在释迦牟尼佛的左边，为释迦牟尼佛的左胁侍，专司“智慧”。因德才超群，居菩萨之首，故称法王子，是除观世音菩萨外最受尊崇的大菩萨。作品中文殊菩萨顶戴宝冠，身骑狮子，侧面而坐，狮子低肩翘尾，温顺地回首向上凝望，狮子勇猛，象征菩萨智慧威猛。菩萨左手托般若经梵箧，右手执如意从右肩斜至身前，如意象征着智慧之人方能如意，智慧能使我们妙吉祥，智慧是事事如意的法宝。

普贤菩萨是释迦牟尼佛的右胁侍，专司“理德”。其职责是把佛门所倡导的“善”普及到一切地方。普贤，是梵文的意译，亦译为“遍吉”。普贤菩萨所象征的理德、行德，同文殊菩萨的智德、正德相对应，是娑婆世界释迦牟尼佛的右、左胁侍，被称为“华严三圣”。作品中的普贤菩萨右侧身，骑六牙白象，象征六度万行，白净无业。菩萨右手结法印，伸五指，掌向外，大指与中指相捻，伸头指、无名指、小指，左手执般若经梵箧，脚触莲花，衣带在空中飘扬。

地藏，是梵文的意译。佛经说这位菩萨“安忍不动如大地，静虑深密如秘藏”，故名地藏。释迦牟尼佛嘱咐他，在释迦佛寂灭，弥勒佛未生之前，救助六道众生。他即发下誓愿“众生度尽，方证菩提，地狱未空，誓不成佛”。作品中的地藏菩萨头戴五佛冠，正面端坐于莲花宝座上，右手持一根禅杖，表示成就报身，有相依靠，左手当胸捧一钵盂，象征着布施、持戒、忍辱、精进、禅定、般若六度修行法门。

四块牌片正面菩萨法相下部雕有书法家卜希旸、何纪明、张同印、云志功四位书法家为这件作品所作的正楷、行草、隶书、篆体书法诗文四则，每件书法作品单独都是完美的艺术作品，书法结体工整古朴，诗文内容皆为颂菩萨功德，这些书法作品与玉石的合璧更是天作之合。苏然大师将各位书法家的书法原汁原味地雕琢在玉牌上，达到了在玉上写出了书法韵味的感觉，玉雕的光影效果凸显出书法线条的刚劲曲直，更富于立体的动势美感。

國運昌盛中鼎元得逢美玉温膩素潤世無有匹遂謀驚世之作初題材幾經斟酌後定爲敬天禮佛以觀音文殊普賢地藏四菩薩爲尊旨在播撒光明澤被蒼生佑我中華歲在壬辰力邀國手施藝蘇然造像翟倚衛刻畫道場勝境妙相既定複又懇請文界賢達屬詩文四則其辭達其意遠書家卜希暘何紀明張同印云志功作各體法書筆走龍蛇氣象萬千終名宿張海不吝題名妙相光明堪稱神品衆賢傾力而爲經年累月此套牌乃成所謂佛意無邊天人合一維以永存

壬辰年夏月於北京　靈景輝書

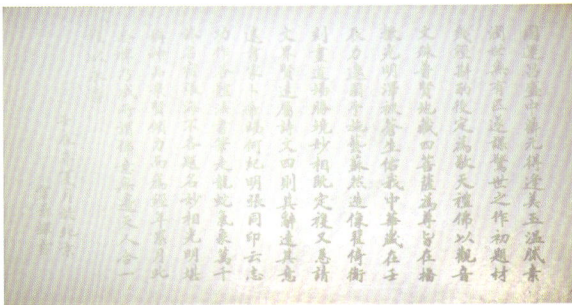

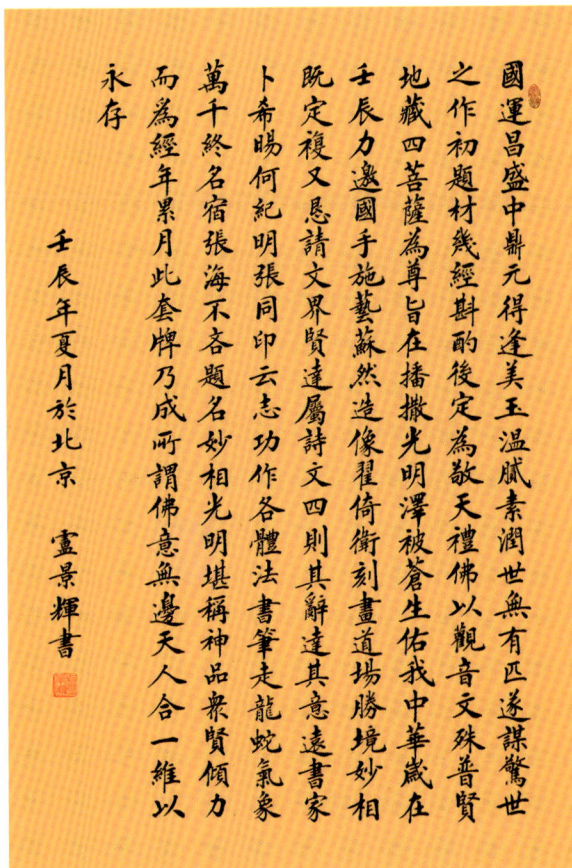

与牌片正面四位菩萨法相及诗文相应，背面为四大菩萨的道场，由中国玉石雕刻大师翟倚卫创作。为了表现道场胜境，翟倚卫先生造访了四大名山，游赏并临摹，将道场胜境尽收眼底。在玉牌的山水表现上，他从“身游到神游”，对四大佛教道场的自然景物进行艺术化处理，实现了写实与写意相结合的理想效果。在方寸之间雕刻出浩瀚山岳，将自然山水与庙宇建筑融为一体、庄重和谐，呈现出佛教观下的审美意象。在具体创造中，他从国内外的绘画、雕塑、书法乃至当代艺术中汲取营养，将透视、立体架构等元素引入以平面画面表达艺术为主的玉牌之中。设计上

运用画面基本写实、稍有变形的处理原则，既强调料形处理的规矩工整，又强调画面的细腻精准，突出了海派玉雕精工细刻的特征，将点、线、面的西方设计理念和中国的题材有机地结合起来。用工清新简洁，刀法布局顺应玉石纹理，令画面中的道场胜境散发出一种超凡脱俗的格调和不为外物所动的庄重。

中国四大佛教名山有“金五台、银普陀、铜峨眉、铁九华”之称。大乘佛教佛经称四大菩萨在远古已成佛，为度众生重入人世。《普陀山志》称：“佛经称地藏、文殊、普贤、观音诸佛道场，曰地、火、水、风，为四大结聚，九华，地也；峨眉，火也；五台，风也；普陀，水也。”中国佛教信徒们笃信佛教与自然之间有着相通的灵性体验，自汉代开始建寺庙，修道场，延续至清末，至今四大朝圣法地仍信众云集，香云缭绕。

普陀山为观音菩萨道场。普陀山又有“五朝恩赐无双地，四海尊崇第一山”的美誉。作品中山石取景深远，庙宇为松柏掩映，树木虬干嶙峋，放眼处，海天壮阔，潮水拍案，一座座海岛浮在海面上，点点白帆行驶其间。视野广阔，层次丰富。

五台山为中国佛教第一圣地，为文殊菩萨的应化道场，方圆五百余里，海拔三千米。唐太宗曾言“五台山者，文殊閟室，万圣幽栖，境系太原，实我祖宗植德之所，切宜祗畏”。五台分别为东台望海峰，西台挂月峰，南台锦绣峰，北台叶斗峰，中台翠岩峰。作品视角为居一峰而俯瞰其余四峰的散点透视，由上而下展现出山石的险峻，五峰环抱高耸，峰顶平坦宽阔，如垒土之台，上有寺庙宝塔坐落，山腰树木叠翠，细密无形。

峨眉山为普贤菩萨道场，素有“峨眉天下秀”之美誉，唐代诗人李白诗曰：“蜀国多仙山，峨眉邈难匹。”作品用高远的透视法将最高峰万佛顶尽收眼底，上有十方普贤菩萨法座，凌空眺望，山势陡峭，云涛滚滚，如瀑如锦，气势恢弘。

九华山为地藏王菩萨道场，在中国佛教四大名山中，九华山独领风骚，以“香火甲天下”“东南第一山”的双重桂冠而闻名于海内外，王安石曾有“楚越千万山，雄奇此山兼”的诗句赞叹。作品中将寺庙置于山峦上下，突出山峰险怪之状，线条刚硬粗犷，树木杂间，葱茏茂密，险峰峭壁，断崖飞帘，似跃出画面之外。

佛教在传入中国之后在发展的过程之中不断地受到中国文学、艺术等各个方面的影响。玉器是中国文化的物质文化载体，佛教文化传入中国后开始融入中国文化，其中重要的体现就是以玉为载体来弘扬佛教。在古代玉器中有着许多佛教造像和纹饰的出现。佛与玉有着密不可分的联系，这种联系已经渗透进中华文明的各个方面，各个历史时期的佛教艺术题材都极大地丰富了玉器的表现内容，例如，唐代玉器中飞天是佛教中的人物，玉飞天为玉器纹饰开拓了一个新的领域，中国历朝的佛教题材玉器各有特色，但都在以美的形式展示出佛家普度众生的宗教情怀。这件

《妙相光明套牌》作品传承了佛教文化与玉文化相结合的精华，但绝不是对以往的简单重复，而是创造性地开辟了一个新的领域，表现在：（1）材料的运用。古代的佛教作品受时代的限制，材料的选择余地不大，因而材料上或多或少都有缺憾。而这套《妙相光明套牌》，使用了当今最好的和田羊脂白玉，从而使作品塑造的菩萨形象完美无缺。（2）两位大师，六位书法家的联袂之作。艺术作品一般是个人独立完成的作品，两位及以上多位艺术大师联袂的艺术作品弥显珍贵，这件作品竟集合六位艺术大师的创作，实属罕见。多位艺术大师联袂创作，关键在于艺术风格的统一与差异能有机地结合起来，最大限度地体现出合璧的艺术之美。这件作品的艺术之美是多重的，苏然是国内玉牌的顶尖大师，翟倚卫也是国内玉牌的巅峰王者，二者作品风格虽略有不同，苏然的作品更豪爽些，翟倚卫的作品更细腻些，但这丝毫不影响该作品的艺术价值，反而使他们的艺术风格相互辉映，更上一层楼。六位书法家的作品更使这件作品达到了新的艺术境界，放眼望去是整体作品，仔细观察每位书法家的表现手法又各不相同，正楷、行草、隶书、篆体皆有，艺术风格虽不相同，但细细品味又能得到不同的艺术享受，使这件作品几乎达到完美无缺的程度。（3）多年来，造成玉器艺术品没有长足进步的原因有很多，但其根本在于多数当代玉器艺术家没有将提高玉器的艺术性作为玉器制作的使命，从而使多数玉器作品流于商品之列，而这件作品以提高玉器艺术价值为使命，并达到了这一目的，从而将当代玉器艺术提高到了新的境界。

《妙相光明套牌》所刻画的菩萨妙相与道场胜境，将实景、画意、诗意共同容纳进佛教空观的哲学理念，用庄严的法度和崇高的美感来开慧众生。作品诗书画艺高度浓缩，形神兼具，特色鲜明，文人意趣十足；主题旨归敬天礼佛，向人世间传达大善大德，承载着大乘佛教超脱世间又不离世间的普度情怀，所谓佛意无边，唯以永存。

蔚长海　奥运徽宝（图片提供：博观广告）

宋世义　翡翠自在观音（图片提供：博观广告）

苏然　白玉花卉诗文纹牌

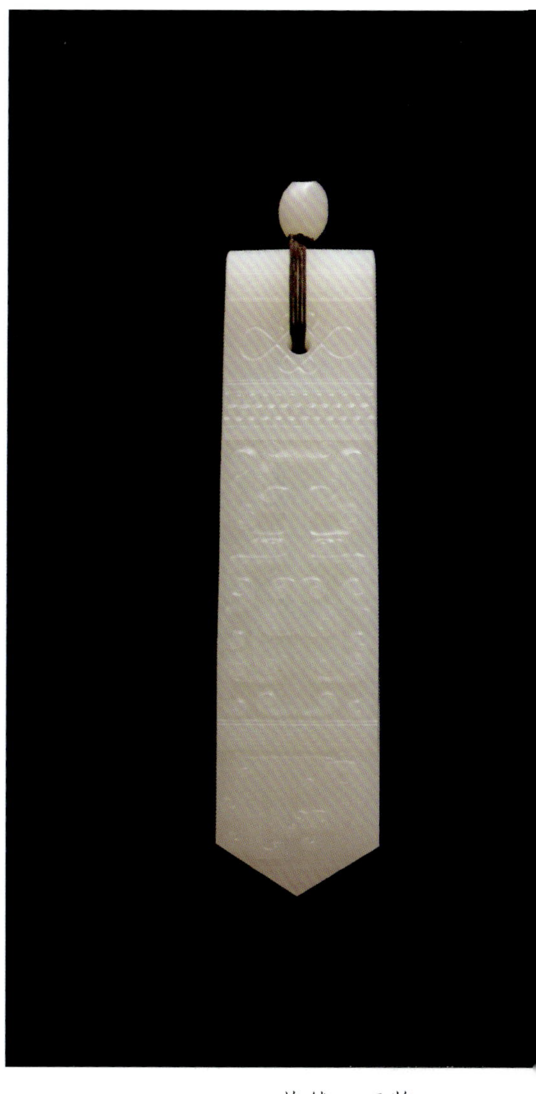

苏然　玉牌

苏然　感悟

苏然　玉璞神刀

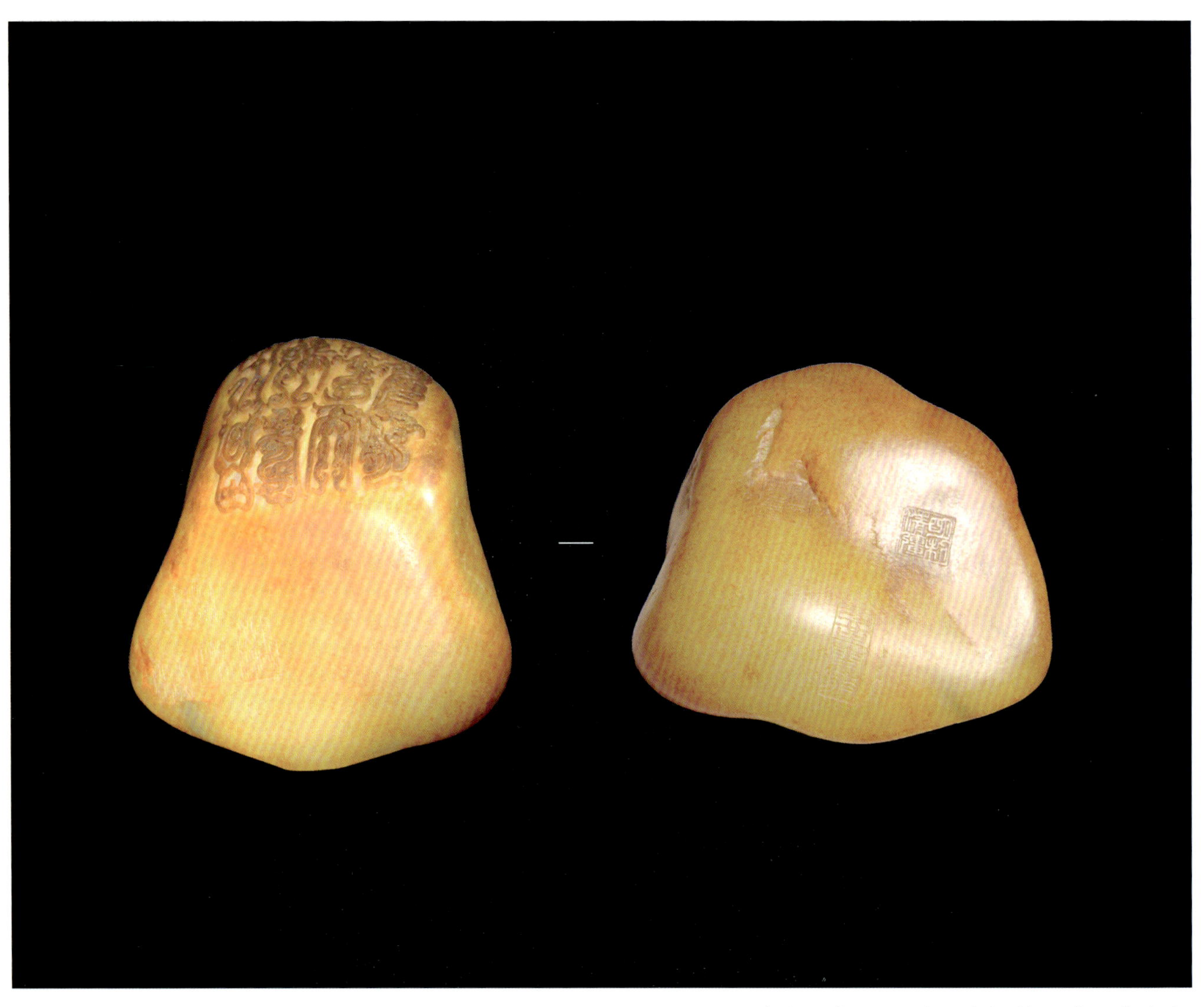

苏然　复兴石（图片提供：博观广告）

苏然　蒙面巫师

谢华　春江晚景

谢华　十八罗汉朝圣

海派玉器

海纳百川　兼容并蓄

——海派玉雕的时代特征

□琢　朴

“他山之石，可以攻玉”“玉不琢不成器”“如切如磋如琢如磨”……玉石雕琢对中华文明影响之悠久深远从这些古代诗词中可见一斑。悠悠数千载，玉雕作为传统手工艺在历史的长河中行至今日，已呈现出一派欣欣向荣之景象。作为玉雕创作者，本人有幸亲历了当代玉雕数十年来的演变，对海派玉雕发展的体会尤为深刻。

海派玉雕，顾名思义，是以体现上海地域文化特色和艺术风格的玉雕艺术流派，她的形成经历了一个逐步演变的过程。19世纪初，上海成为中国乃至世界贸易的重要港口，当时苏州、扬州及其周边地区的玉器制品都通过上海口岸向外输出，这种态势为上海玉器雕刻行业提供了广阔的发展空间。苏州、扬州等地区的雕刻艺人大量涌入，在此找到了施展自己才能的理想天地。很多当时的玉雕名家都在上海特定的文化氛围中，吸收了新的文化营养，大显身手，于是逐渐形成了一种新的玉雕风格——海派风格。19世纪末至20世纪80年代近一个世纪的时间里，上海玉雕界发展良好。炉瓶器皿、人物佛像、花鸟、走兽都已形成特定的风格。

改革开放以后，上海玉雕人才更如雨后春笋呈现蓬勃之势，其养成主要有两个来源，其一是上海玉雕厂设立的工业中学，对玉雕人才进行专业的培训，现在海派玉雕大师很多是从那里走出来的。那时学校的老师多是上海美校的毕业生，引入了现代西方美学为主的教育理念，这对学员基本功的培养是有很大帮助的，但不足之处是这些老师在传统文化表现手法和玉雕技法的理解上有一定差距。另一途径是传统的玉雕作坊模式下的师徒关系。这种模式培养的玉雕人才多以传统玉雕题材和技法为主，但对现代美学缺乏根基，创新程度不够。80年代后期，一批古玉商家涉足海派玉雕，他们对古玉文化较为了解，也注重对工艺的研究，这填补了之前海派工艺在传统玉雕技艺上的不足，大大加快了海派玉雕发展和成熟的步伐。海派玉雕强调推陈出新，博采众长，既继承了中国明清宫廷玉雕的精华，又融汇扬帮、苏帮、南帮等工艺，风格清新典雅，工艺精致细腻。

当代海派玉雕更是人才辈出，涌现出玉雕大师如倪伟滨、刘忠荣、吴德昇、易少勇、翟倚卫、于泾、崔磊、王平等，这些大师的辛勤耕耘促成了海派玉雕艺术风格更上一层楼。

倪伟滨：清者永寿

当代海派玉雕的特点主要表现在以下几个方面：

（1）在题材上，古今中外，不拘一格。不再只是局限于传统的福禄寿等题材，而是加入了时代特色，思想性题材独树一帜，使得作品内涵更加丰富深刻。

（2）在风格上，海纳百川，融汇多种艺术形式，在传统玉雕风格的基础上大胆创新。

（3）在工艺上，借助现代雕琢工具的优势，力求精益求精。玉雕风格愈发鲜明，玉雕工艺愈发精湛，作品所揭示的艺术思想、文化内涵也更加深刻，反映出当代玉雕大师自身在修养、学识、技艺等多方面综合素质的提升。

倪伟滨的作品在玉雕题材上则一直追求多样、创新、融会贯通的理念，人物、动物、纹饰、花草、器皿，既不脱离传统又与时俱进，在玉雕风格上自成体系：首先，在传承中国哲学的思想性题材方面进行尝试，如《慎行》；其次，将中国古典纹饰与现代时尚造型相结合，如《玉琮》；再次，创造出多元化风格的巧雕作品，如《清者永寿》；最后，不断探索人物、水、云、石的雕刻技法，如《草桥结义》。

刘忠荣对子冈玉牌的创新做出了巨大贡献。他的子冈玉牌牌型不拘传统，大胆创新，圆形、椭圆形、水滴形等各式牌形脱颖而出；牌头及局部纹饰等设计变幻无穷；尺寸随心所欲，造型丰富；此外他多层浅浮雕的雕刻风格独特，手法令人称奇。他的代表作品《桃园三结义》在方寸之间做出了丰富的层次，景、物、人之间所产生的转折、层面繁多，却又搭配得自然流畅，极富艺术造诣。

刘忠荣：华藏世界海插牌

吴德昇擅长的圆雕女体将西方雕塑艺术汇进中国玉雕技法当中，夸张与写实相结合，将人体之美以玉雕的形式展现得淋漓尽致，深得玩家喜爱，在玉雕界产生了极强的影响力。其作品《贵妃出浴》整体结构和谐顺畅，在虚与实的搭配中，强化了女性躯体娇柔优美的线条，是件成功的人体作品。

易少勇则将国画和书法的精髓表现在一方玉牌上，他的“天蜀”牌以刀代笔，其阴线工刀法娴熟细腻，线条遒劲，张弛有度，填补了自古阴工玉牌的空白。其代表作《三清一品牌》以国画的构图、书法的布局及巧夺天工的阴线运用，洋溢出高俊清逸的意趣。

翟倚卫的玉牌则在中国传统玉雕风格中注入欧美艺术元素，“中西合璧”令人赞叹。他在构图上力求简约、凝练，刚柔并济，透视关系的运用令空间层次感更加丰富鲜明，点、线、面相融相合，诗情画意相得益彰。他的作品《倩影》所表现的女子仪态万千、婀娜多姿，画面布局丰富立体，给人耳目一新的感觉。

于泾在佛教造像、人物造型方面有着极深的造诣，他的玉雕作品整体风格典雅飘逸，雕刻手法细腻，无论是大块面的处理，还是形体的细微转折都能精准把握，大块空间和细腻刻画相得益彰，繁简程度恰到好处，形体的写实和夸张自然而适度。他的代表作《普陀洛迦观音》颇具震撼力，

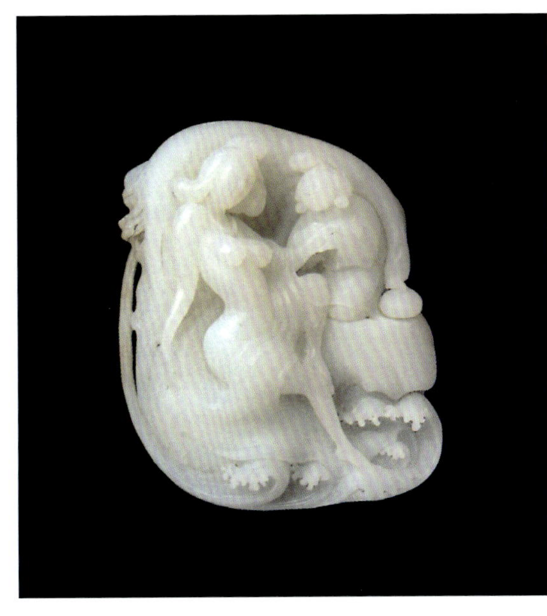
吴德昇：贵妃出浴

易少勇：三清一品玉牌

翟倚卫：倩影（图片提供：博观广告）

于泾：普陀洛迦观音

崔磊：观喜（图片提供：博观广告）

王平：和合二仙（图片提供：博观广告）

其观音造型突破了传统玉雕中肃穆宁静的形象，飘逸的衣带，生动传神的表情，仪态万千的身姿，令整件作品焕发生命力，现代的美学诠释是于泾在玉雕艺术上的一次突破，传统中焕发新意。

崔磊则擅长将多种艺术形式运用到玉雕作品当中，给人以耳目一新的艺术美感，成为新生代中创新派的佼佼者。崔磊汲取不同艺术门类和风格的养分，木雕、皮影、剪纸等元素都可以在他的玉雕作品中出现。方形的棱角、尖锐的利器、凸显刚劲的肌线条等等大胆手法突破了传统玉雕中以圆润为主的印象，却又令人并不难以接受。作品《观喜》便是取材于中国传统的皮影艺术，生动传神，极富创意，给人很强的视觉冲击力。

王平主攻观音和人物，他在传承传统玉雕风格的基础上加入自己的理解和创新，其作品风格简约古朴，大块面的留白充分体现玉质之美，深受收藏者的喜爱，成为新生代玉雕师的领军人物。其代表作《杨贵妃》人物造型丰腴圆润，刀法凝练流畅，以极简主义风格诠释人物造型。

百花齐放的蓬勃之势使得当代海派玉雕呈现出与“海纳百川、兼容并蓄”的海派文化相契合的艺术特色。它充分体现了创新性和包容性，海派玉雕既不像“北派”那般古朴豪放，又不像“扬派”那般秀丽旖旎，亦不像“南派”那般镂空古奇。但是它以自己的语言，诠释着独特的艺术生命力。

海派玉器
佳作赏析

凝固千古爱情的诗篇

——吴德昇《魅惑》赏析

□于　明

《魅惑》这件白玉作品是中国工艺美术大师吴德昇先生2006年的作品。作品取材于屈原《九歌》中描述的山鬼形象，《九歌》是一组祀神的乐歌，《山鬼》出自《九歌》的第九首。“山鬼”即一般所说的山神，因为未获天帝正式册封在正神之列，故仍称“山鬼”。

在原作中，“山鬼”以女子形象出现，并采用山鬼——女子内心独白的方式，塑造了一位美丽、率真、痴情的少女形象。全诗有着简单的情节：女主人公跟她的情人约定某天在一个地方相会，尽管道路艰难，但她还是满怀喜悦地赶到了，可是她的情人却没有如约前来。风雨来了，她还在痴心地等待着情人，忘记了回家，但情人最终还是没有来。天色晚了，她回到住所，在风雨交加、猿狖齐鸣中，倍感伤心、哀怨。

《山鬼》原文如下：

若有人兮山之阿，被薜荔兮带女萝；
既含睇兮又宜笑，子慕予兮善窈窕；
乘赤豹兮从文狸，辛夷车兮结桂旗；
被石兰兮带杜衡，折芳馨兮遗所思；
余处幽篁兮终不见天，路险难兮独后来；
表独立兮山之上，云容容兮而在下；
杳冥冥兮羌昼晦，东风飘兮神灵雨；
留灵修兮憺忘归，岁既晏兮孰华予；
采三秀兮于山间，石磊磊兮葛蔓蔓；
怨公子兮怅忘归，君思我兮不得闲；
山中人兮芳杜若，饮石泉兮荫松柏；君思我兮然疑作；
雷填填兮雨冥冥，猿啾啾兮狖夜鸣；
风飒飒兮木萧萧，思公子兮徒离忧。

以现代文学来说，这首诗大体的意思是：

现有人经过深山谷坳，身披薜荔啊腰束女萝。
含情流盼啊嫣然一笑，温柔可爱啊形貌姣好。
驾着赤豹啊紧跟文狸，辛夷为车啊桂花饰旗。
披着石兰啊结着杜衡，折枝鲜花啊聊寄相思。
竹林深处啊暗无天日，道路险峻啊独自来迟。
孤身一人啊伫立山巅，云海茫茫啊浮游卷舒。
山色幽暗啊白昼如夜，东风狂舞啊神灵降雨。
我痴情等你啊忘却归去，红颜凋谢啊怎能永葆花季？
我在山间采撷益寿的灵芝，岩石磊磊啊葛藤四处缠绕。
抱怨公子啊怅然忘却归去，你思念我啊却没有到来。
山中人儿就像杜若般芳洁，口渴饮泉啊松柏遮阴。（公子）你想我啊是真是假。
雷声滚滚啊细雨蒙蒙，猿鸣啾啾啊夜色沉沉。
风声飒飒啊落木萧萧，思慕公子啊独自悲伤。

作者以人神结合的方法塑造了美丽的山鬼形象：她披戴着薜荔、女萝、石兰和杜蘅，乘着赤豹拉的辛夷车，车上插着桂枝编织的旗，身边跟着长有花纹的花猫…… 其衣食住行无不带有强烈的神性和野性色彩，与其山鬼的身份相适应。然而山鬼的容貌体态和情感变化又是正常人的表现。她感叹青春不能永驻，期盼爱人早些到来，爱人没有来则忧伤孤独……

全诗将幻想与现实交织在一起，具有浓郁的浪漫主义色彩。

将“山鬼”这一凄美的爱情神话故事，用玉器作品的方式来表现，吴德昇大师

潘絜兹：山鬼

吴德昇：云游四海（图片提供：博观广告）

是第一人。这件《魅惑》作品是件摆件，体积不大，9.7厘米×6.9厘米×2.4厘米，作品造型取材于上面提到的“山鬼”故事——山鬼以女子的形象坐于赤豹之上。

以玉器作品来表达传统文化题材是有着悠久的历史的，但这些题材大都取材于中国山水画或文房用具，即使是人物也多表现人们日常喜闻乐见的人物形象，很少高难度地表现那些神话传说题材，主要原因是如果作者的艺术修养与工艺技法达不到一定水准，反而会弄巧成拙。吴德昇先生本人有着深厚的艺术功底及玉雕技艺，这些修养和技能是帮助他创作优秀作品的前提，关键是他运用这些技艺，表现出了对传统文化的理解，特别是对玉文化的理解，从而创造出了优秀的玉器作品。

这件作品就是吴德昇大师优秀作品中的一件。它取材于传统文化题材，甚至是今人不太熟悉的上古爱情题材，该题材的文学意境与我们今天的理解有很多不同，无论用什么样的艺术手法来表达这种题材，难度都很大。“山鬼”绘画作品有许多件，其表达的方式千差万别，潘絜兹先生的“山鬼”图画得中规中矩，用玉来表达这种题材难度更大，吴德昇先生的这件作品成功地表现了这一题材。这件作品的成功之处在于作者借助于玉这种媒介，表达了对“山鬼”这一题材的理解，进而升华成对远古先民的爱情观的理解。作品选用新疆和田羊脂白玉籽料为原料，玉质洁白、细腻、油润且富有光泽。玉的含蓄、朦胧的阴柔之美恰到好处地展现了山鬼的神秘与魅惑，玉的圆润与亮泽愈发能显得山鬼纯洁而柔媚，玉的致密与内敛恰恰表现了山鬼对爱情的细腻与含蓄。作者假借

吴德昇：裸女

玉的材质特点将山鬼的形象与气质淋漓尽致地表现出来。这正是本件作品以玉为材质来表达这一主题的玄妙之处。

这件作品的造型圆润、流畅。姑娘曼妙的身姿及身边的坐骑赤豹紧致的躯干都被刻画得细致入微。美丽的山鬼浓密的长发、修长的四肢、丰满的双乳、纤细的腰肢都与意大利画家波提切利画笔下出水的维纳斯有异曲同工之妙。大师雕琢山鬼女性身体的笔法，不同于作者描绘其他女性时惯用的手法。在吴德昇大师的其他玉雕作品中，对女性的处理多采用丰乳肥臀的夸张手法，他对女人体特别是女性裸体的处理达到了炉火纯青的境界，有着非常深厚的功底。这件作品，与其本人的其他作品略有不同。以正常的躯干，合规的臀乳、简化的手足、扭曲的身体、夸张的姿态，近乎写实的手法真实地再现了山鬼窈窕的身姿和质朴的神韵。只见她两腿绞盘，优雅地端坐在赤豹身上，一手抚头，肘部闲适地搁置于豹尾之上，另一只手则轻按豹颈，瀑布般的秀发泄满肩背，头略向前低垂，微闭双目，双唇轻抿，正陷入对恋人深深的思恋当中，那略带忧伤的表情似乎在向人们述说着对恋人爽约不至的哀怨，但这种哀怨是淡淡而又优雅的。她身下的赤豹有着坚实的骨骼、强健的肌肉，以回头、翘臀的舒展姿态，灵巧、柔顺地给主人充当着舒适的坐骑。大师对赤豹的刻画一如他一贯的人物或动物的表现风格——消瘦而有力，赤豹身材消瘦却显威猛有力，身躯的骨骼和肌肉富于变化，坚实紧致，彰显孔武，生动的神态表达着对主人的忠诚、体贴与呵护。

吴德昇先生的作品风格以曲线著称，无论其女人体，还是罗汉等其他人物形象，大多以曲线来表达，这种曲线来源于作者对材料的理解以及对玉器艺术的理解。好的和田玉作品多以和田籽料为原料，和田籽料形状以圆为主，玉雕大师既要尽其力来保留材料，又要达到最佳美感，"S"形的线条是表现籽料材料美的一种比较好的表现方式，它能将材料的动感与作品的美感有机地结合在一起，无论是布局还是细节，都有着磅礴大气与阴柔纤细完美结合之美。吴德昇先生的作品，大多是这样一种表现形式。这件"山鬼"作品，更是他本人这种风格的真实写照，看看少女那美妙的"S"形身躯、赤豹富于变化的"S"形体型，都是吴德昇先生作品"S"形表现手法的最好诠释。

这件造型和谐顺畅的佳作，彰显了吴德昇大师炉火纯青的治玉水平。那和谐的布局、流畅的线条、精准的雕工、细腻的打磨无不显示出大师精湛的技艺，这些精湛的工艺水平，为作品增色许多，这也是这件作品令人赏心悦目，继而震撼心灵，最后爱不释手的原因之一。

玉要讲究"气"。玉器作品的"气"，是作者文化深度的表达、知识积累的表现、视觉广度的再现、制玉技法的体现，不是那种震撼感官的"气"，而是撼人心灵的"气"，是沟通人与玉的纽带。当代玉雕大师们都以不同的方式方法来表达着自己的"气"。好的玉器作品能够沟通人与玉的气场， 玉"气"撼人心灵，这件作品就属于这类。人们看到这件作品，婉如听着一首凄美的爱情情歌，读着一首动人的爱情诗篇，观着一部感伤的爱情电影，看着一幅绝美的爱情画卷。千古绝唱，世代相传，这美好的瞬间，将以这山鬼的形象永驻人心。

真可谓：

山鬼蜕为美人形，情真意切感后人。
千古万世爱情曲，袅袅余音玉留存。

历史的长河，流淌着千百年来多少中华儿女凄美的爱情传说，"山鬼"传奇，延续着八千年来中华玉文化的传统血脉。这件刻画着名为山鬼实为窈窕美丽姑娘追求爱情的作品，将与世长存，成为我们这个时代的玉器代表作之一。

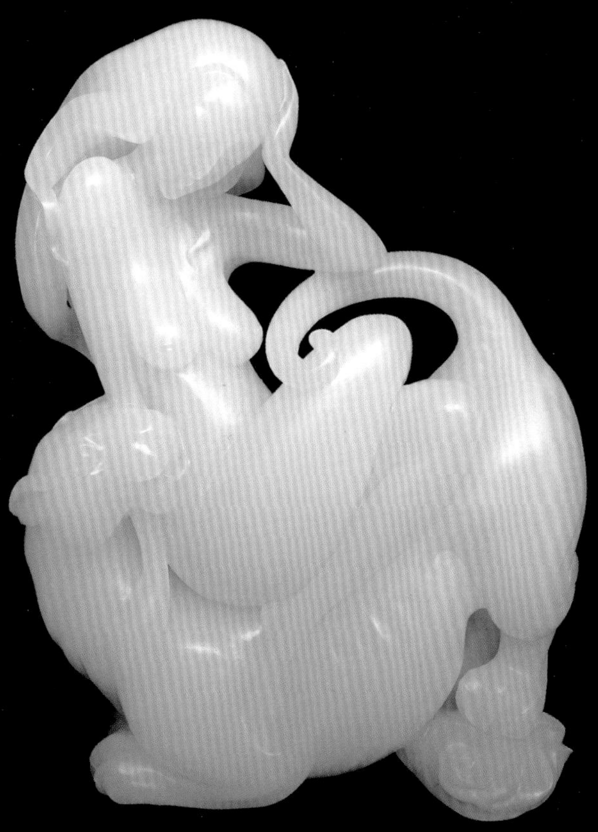

魅惑 正面

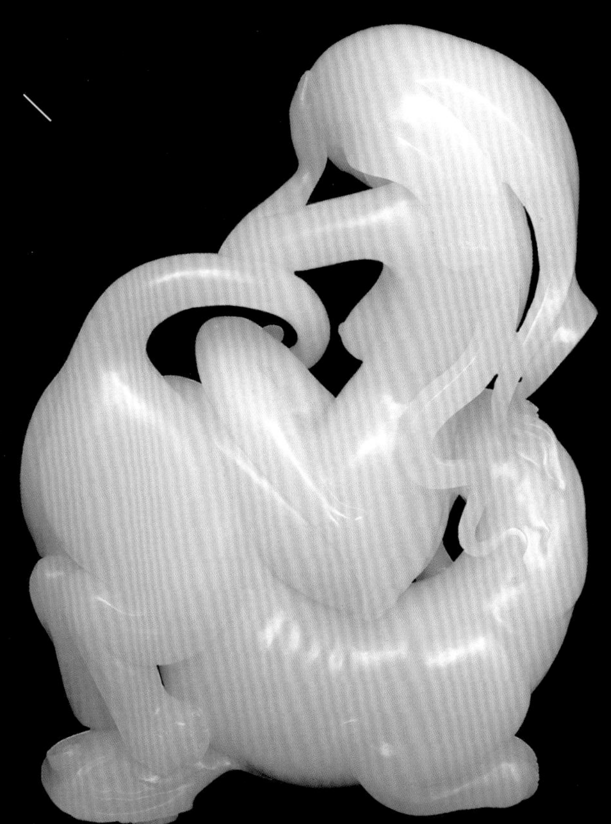

魅惑 背面

千古余音

——倪伟滨《觚》赏析

□于　帅

这件作品的创作者是中国玉器雕刻大师倪伟滨。这款玉觚选用上等河磨青玉雕琢而成，玉质莹润细腻，色泽典雅凝重。口部向上呈喇叭状，颈部细长，腹部微鼓，高圈足。觚体周身遍布商周古典纹饰，阴阳刻相结合，刀法纯熟流畅，整体风格浑然一体、端庄工整，古朴大气中又不失精致文雅，将玉材之美和工艺之美的结合发挥到极致。

河磨玉产于岫岩，是透闪石的一种，与和田玉成分相当。它的质地细腻，色泽纯正，是玉中上品。历史上红山文化的玉器就多以河磨玉为材料，它也为中华文明的进程做出了杰出贡献。多少彪炳千秋的中华儿女，披盔戴甲，身佩玉饰，驰骋于辽阔大地之上，引领中国进入了文明时代。而后，河磨玉沉寂了数千年，直到20世纪80年代以后才被重新发现和使用。然而，这种玉材并未被现代玉雕大师所重视，一直没有高品质的作品出现，河磨玉的创作始终处于低层次状态。当玉雕大师倪伟滨先生接触到这种玉料时，他充分认识了河磨玉的价值，决心将它的材质之美发挥尽致，并在材料美的基础上，展示出当代玉雕的作品美。为了表达对河磨玉深刻传统的尊重与探求，他借鉴中国传统器型“觚”的形制做成了这件作品。

觚，多为青铜所制，《说文》角部：“觚，鄉饮酒之爵也。”由此可知觚是古代的一种饮酒器，后又演变为用于祭祀、陪葬的礼器，主要盛行于商周时期。其基本形制为长筒状身，大喇叭形口，斜坡状高圈足。宋代之后多作为陈设器，常用来作为插花的器具。红楼梦第三回中，林黛玉进荣府所看到的陈设中就出现了觚的身影：“左边几上文王鼎匙箸香盒，右边几上汝窑美人觚——觚内插着时鲜花卉，并茗碗痰盒等物。”西周以来觚多长身细腰，体态婀娜有如美女，所以也有“美人觚”之称。商周盛行的许多器物形制在丧失礼器功能后逐渐退出了历史舞台，觚仍然能进入普通民众的生活并广受喜爱，很大程度上正是取决于其清峻典雅的姿态。

后人用其他材料制作该类器的甚多，如木制、竹制、瓷器、漆器、珐琅器、玛瑙制、玉制等等。但不知是制作方面的原因还是材质选用方面的局限性所致，鲜见有震人心魄、达古铜器之大气威严之势的经典之作。倪伟滨先生所制的这件青玉觚使人看了肃然起敬，一扫其他材质所制同类器物的光辉，甚至古代的铜觚在其面前亦有逊色之意。究竟为何，试做分析之。

我们今天见到的所谓青铜器，并非其本来面目，当年它所呈现的是铜的光彩夺目、富丽华贵的颜色，古人称之为金。今人之所以称之为青铜，只是因为它们经过了数千年历史的沉淀，或埋于土中，或沉于水底，在其表面生成青绿色的铜锈，所以我们称之为青铜。然而正是经过千余年的沉淀，洗掉了它原本富丽华贵的色彩，使它变得内敛而庄重，浑厚而威严，更增添了历史的神秘感。青铜觚亦是如此。

从玉觚的颜色方面来看。倪伟滨先生所制的这件河磨青玉觚所用的玉料颜色甚佳，整体一口气，无论在明度、纯度、冷暖等方面无半点色差。该玉虽为青玉，然其色为青中偏绿，且偏暖绿，属阳绿（用灯光照射时，所透之色为黄绿色），凝重的颜色中透射出生机，阳刚但不浮华，沉稳内敛但无沉闷之气。该色正与水底所生成的铜绿色相类似，但相比之下，该玉的颜色阳气更足。用这块河磨玉制作青铜觚，其颜色占了独到的优势，似无可比拟者。有如夏日里的生发之气，蓬勃阳刚，放射出正义的光辉。

从玉觚的质地方面来看。这件青玉觚玉质细腻油润，且洁净无瑕。玉料不嫩不水，显而不透，光泽外显而不耀，可谓是浑厚大气，无半点柔弱感。犹如古之圣贤君子，品德高尚，洁身自爱，内修仁德之厚。朴厚刚正，心存正义之气。胸有智慧之光而不显耀，腹有勇武之能而不争。这正与儒家所讲玉之五德“仁、义、智、勇、洁”相合。这件青玉觚正体现了古代圣贤君子的风骨。玉与器合，制玉成器，显道德于人前，相得益彰。

觚的优美形制在这件作品上也得到了很好的体现，以向内弯曲的线条为基础，达到挺拔的造型形态效果，有一股蓬勃向上之气。然而倪伟滨先生并非简单重复古人“觚”的形制，而是创造性地制作出了极具个人艺术风格的作品。“觚”有棱角之意，而倪伟滨先生在设计中增加了圆的曲线成分，线条造型润中见锋，整体上给人一种既方正刚烈又圆润优雅的美感。一件优秀的艺术作品除了造型新颖、设计巧妙以外，还应该给予观赏者视觉上的冲击力和精神上的震撼力。这件作品的整体结构正是遵循了这一美学法则。融汇的曲线勾勒出刚健挺拔的姿态，具有体量感的大器型也给作品增添了气势。一种卓尔不群的气质氛围由表及里融入作品内部，形成了作品的张力和灵魂。

这件作品的创造性不仅体现在造型上，纹饰上也着意求新。纹饰采用了商周时期流行的回纹和云纹，满布器表，使观赏者产生一种循环往复、连绵不绝的装饰感受。同时，在器体上方使用三角形留白，在重复的纹饰模块之间进行一定的间隔，使作品产生一种舒朗畅达的韵律美感。留白是中国传统绘画艺术中的一种表现方法，传统绘画中经常利用留白来营造出“虚实相生，无画处皆成妙境”的意境。这种方法在此作品上的运用，同样简洁有效地提升了作品的情调和品位。传统的回纹具有庄严古朴的肃穆之感，这件作品的纹饰经过现代化的重新加工处理后，在规整秩序的轮廓框架中又增添了活泼流畅的灵动感。这样的纹饰也与此作品昂扬向上的器型相呼应，突显出蓬勃旺盛的生命活力。

这件作品融入了倪伟滨大师对高古玉器的独到见解，以玉为载体加入中国传统造型元素，并运用现代美学原则做出相应变化后，融会贯通设计而成。它继承了数千年的传统智慧，能唤起观赏者内心深处对传统艺术的敏感与尊重。倪伟滨的玉雕理念源于他对中国传统文化的认同，他始终秉承着这一根源，在传统文学、历史、宗教等方面得到启发，从中提取元素融入创作，同时也积累形成了极具魅力的个人创作风格。他对传统的高古玉器风格的继承中又有所突破，其中既有中华民族传统的审美意境，又有时尚简约的现代设计元素；不仅强调了传统的文化内涵，还善于利用传统特色来表现当代的精神理念。

这件作品题材和纹饰具有鲜明的民族文化传统特征，体现出中华文明的厚重历史底蕴，是中国传统工艺博大悠久、丰富精湛的写照和再现。中国传统工艺美术历经长期发展，以高度概括的视觉语言，传达出特定的信息，是民族文化各方面凝聚统一的具体体现。玉文化源远流长，玉雕在现代仍是传统文化传承与发扬的天然优质载体。现代玉器制作者应从传统文化中汲取灵感、融会贯通，在传承古典美的基础上发挥创新精神，就能创造出独具神韵的作品，同时也就具有无可取代的艺术价值。

与尔同消万古愁

——易少勇《将进酒插屏》赏析

□白　静

《将进酒插屏》是海派玉雕大师易少勇于1999年11月底完成的作品，是以唐朝诗人李白的传世名篇《将进酒》全文176字为内容，正面阴刻隶书，反面阴刻行草，两面皆落“乙卯天蜀”款。

此作品的原料为一块5千克重的黑皮籽料，外形浑厚饱满，表面细致，外皮色浅。剖开之后，黑皮只在表层，没有杂质侵入内部，颜色并非很白，而质地却异常细腻，犹如凝脂。如此料之肉里干净，高密细度，是十分难得而稀有的，因此这块料分割后，创作出包括此作在内的多件插屏、立屏、镇纸及许多各式精美的玉牌。因为所切下来的这一片牌料上方边沿的表皮弧度刚好非常顺畅，且色泽金黄莹润，所以才会保留着自然的表皮弯弧，而不做进一步的人工修整；又因为牌面空间够大，所以选取《将进酒》一诗全文作题材，充分展现玉牌刻书的美感，最后又为其配上戈壁青玉的底座，同样保留青玉材质的天然纹理，高低起伏若连绵青山，稳稳地承载着白玉插屏。

易少勇大师善辨玉性，能在设计时充分考虑到如何克服玉性的问题，从而对不同料性的玉做分别处理；同时，作者又是一位乐于表现自己工艺技巧和设计理念的创意者，于是在拿到这块籽料的当下，作者即刻被如此凝脂细腻且兼具绝佳韧性的玉料所打动，他意识到即将创作的这件作品为自己的工艺施展提供的绝佳条件，他所擅长的印刻字将更能得心应手地发挥了。经过一步步的创意构思以及雕刻打磨，最终这件作品呈现出的效果更是大大超出了之前的预计，因为此原料本身不是特白，但是经人盘摩后则越盘越润，其色反而细润显白，这是料性与人性的奇妙姻缘，令不少收藏者大为称奇。

作品所用的玉料得天然之韵，为《将进酒》这一诗文题材的表现力增分不少。《将进酒》原是汉乐府短箫铙歌的曲调，题目意绎即"劝酒歌"，故古词有"将进酒，乘大白"云。约天宝十一载（752年），李白填词以抒胸臆，他当时与友人岑勋在嵩山另一好友元丹丘的颍阳山居为客，三人常登高饮宴（《酬岑勋见寻就元丹丘对酒相待以诗见招》："不以千里遥，命驾来相招。中逢元丹丘，登岭宴碧霄。对酒忽思我，长啸临清飙。"）。人生快事莫若置酒会友，作者又正值"抱用世之才而不遇合"（萧士赟）之际，于是满腔不合时宜借酒兴诗情，来了一次淋漓尽致的抒发。诗歌原文如下：

君不见黄河之水天上来，奔流到海不复回。
君不见高堂明镜悲白发，朝如青丝暮成雪。
人生得意须尽欢，莫使金樽空对月。
天生我材必有用，千金散尽还复来。
烹羊宰牛且为乐，会须一饮三百杯。
岑夫子，丹丘生，将进酒，杯莫停。
与君歌一曲，请君为我倾耳听。
钟鼓馔玉不足贵，但愿长醉不复醒。
古来圣贤皆寂寞，惟有饮者留其名。
陈王昔时宴平乐，斗酒十千恣欢谑。
主人何为言少钱，径须沽取对君酌。
五花马，千金裘，
呼儿将出换美酒，与尔同销万古愁。

此《将进酒》篇幅不算长，却五音繁会，气象不凡。它笔酣墨饱，情极悲愤而作狂放，语极豪纵而又沉着。诗篇具有震动古今的气势与力量，诗情豪迈，同时，又不给人空洞浮夸感，其根源就在于它那充实深厚的内在感情，那潜在酒话底下如波涛汹涌的郁怒情绪。《唐诗别裁》谓"读李诗者于雄快之中，得其深远宕逸之神，才是谪仙人面目"，此篇足以当之。

易少勇大师善取材于古典诗文，将古典题材表现在各式现代造型的玉牌上，对于书法的造诣堪称一绝。他以灵活的阴刻手法见长，对于书法的布列，有时规矩严谨，有时自由随性，不拘泥于传统玉牌的表现形式，灵活多变却件件都有个人独特的风格气质。《将进酒插屏》的正面阴刻隶书，反面阴刻行草，两种字体雕刻同一篇诗文，创意大胆，别出心裁。

作品中正面的隶书书法严肃端庄，结构工谨整饬。诗文加落款“己卯天蜀”4字楷书共180字，排列为10行18排文字，布列方正有序。在书法走笔上，方、圆、藏、露诸法俱备，笔势飞动，姿态优美，“蚕头燕尾”“一波三折”。在结构上，横势扁方，具有雄阔严整而又舒展灵动的气度。汉隶主要有两大存在形式：石刻与简牍，在碑刻中更显其宽博的气势和独特的韵味。作者运用娴熟的阴刻手法保留了毛笔自然的书写状态，将毛笔的柔软性赋予汉字的笔画粗细方圆清晰展现，令人只观其优美笔触，而不觉砥砺之功法。隶书书法所散发出庄重雄浑的韵味，与诗文所表达沉郁深厚的内在感情达到高度契合，在艺术效果上倍增妙用。

反面的行草书法则布列疏散清新，形成“纵有行，横无列”的章法。结体疏

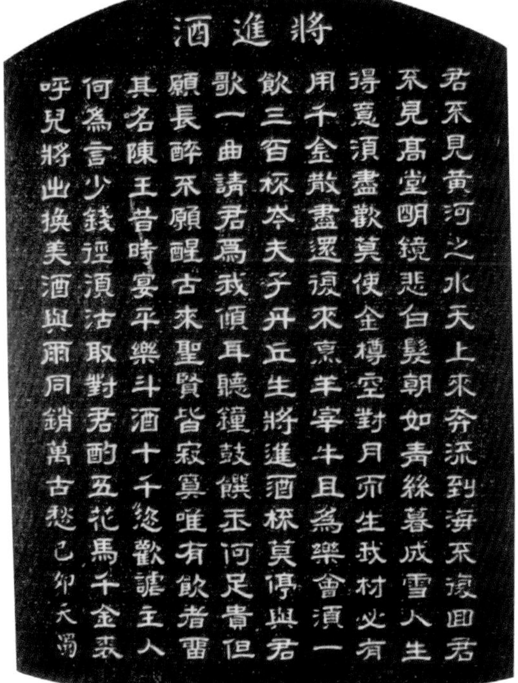

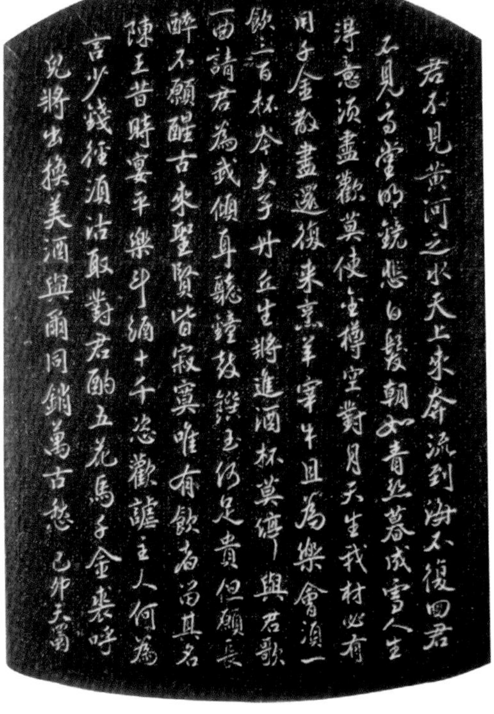

密得当，收放自如。笔触放纵流动，细若游丝，牵引于无形。给人极佳的视觉冲击力，在阅读诗文时，观者仿若在观赏牌面上字与字游舞，忍不住张口开诵，将诗词的音韵节奏与诗人豪迈狂放的醉态亲身演绎一番，令人沉醉于浪漫的诗情之中跌宕起伏而浑然忘我。

《将进酒插屏》选题于古典诗文，创作手法大胆创新，形制以简胜繁，设计构思严谨高超，富有文人气息。作品中阴刻书法理法通达、笔力遒劲、姿态优美。两种书法，两种意境，即兴诗情，一挥而就，与诗文的艺术张力相合无间。作者用巧夺天工的雕刻技艺琢磨于分毫，以精深的书法功力再现了古诗之精微。此作颇有自身独一无二的气质韵味，在古人和当代玉牌中皆独树一帜，当代玉器以文脉贯通古今，以创意开辟新境，于此可见。

是曰：

良工逢美玉，盛世几度寻。

金樽鸣玉馔，清高罢古今。

倪伟滨　瓦当壶

倪伟滨　井栏壶

倪伟滨　八宝水洗

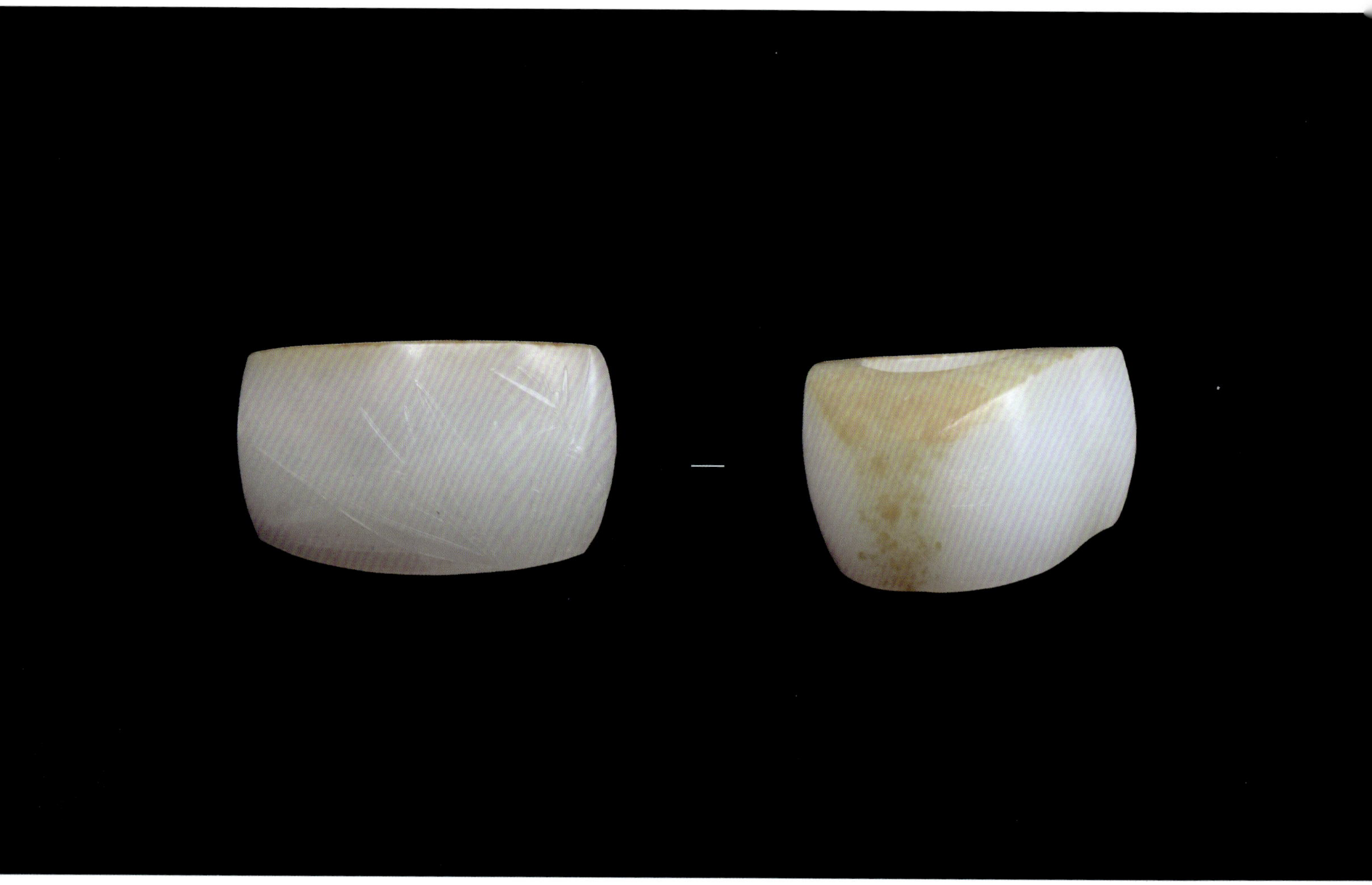

雅园　白玉兰花纹扳指

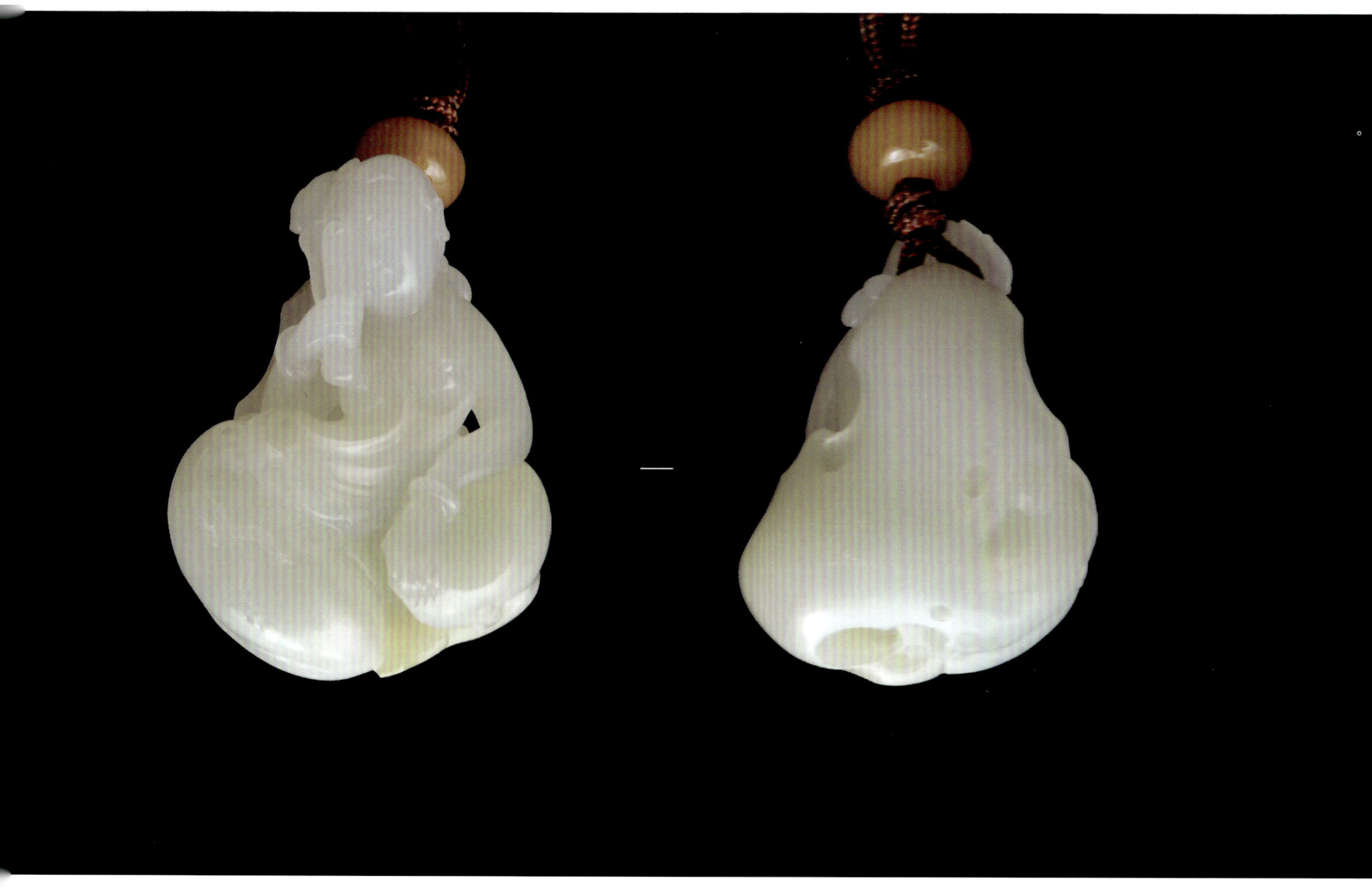

雅园　羞

雅园　大吉把件

雅园　白玉兽面纹牌饰

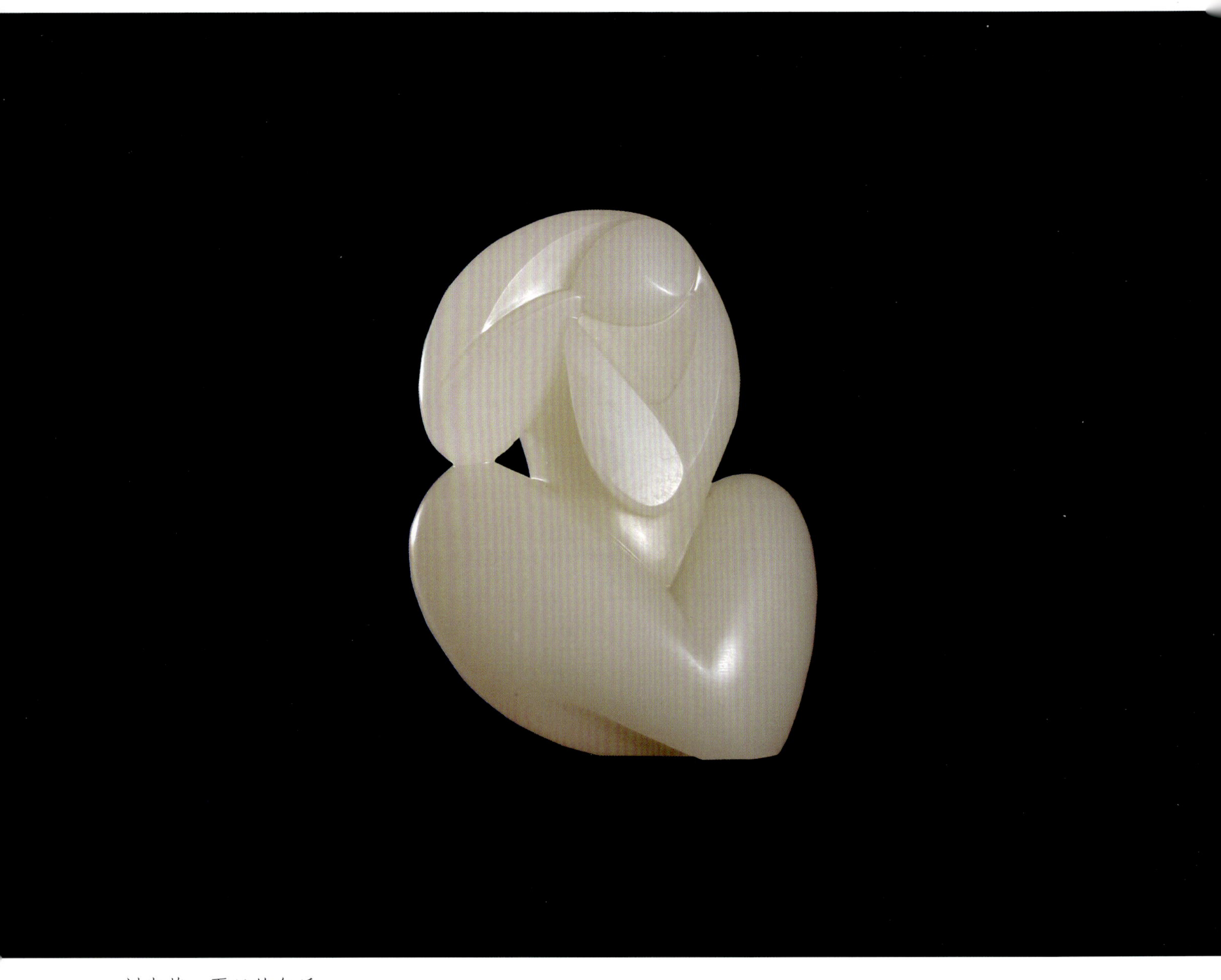

刘忠荣　夏日的午后

刘忠荣　平安如意牌

刘忠荣　白玉观音牌

吴德昇　济公

吴德昇　老玩家

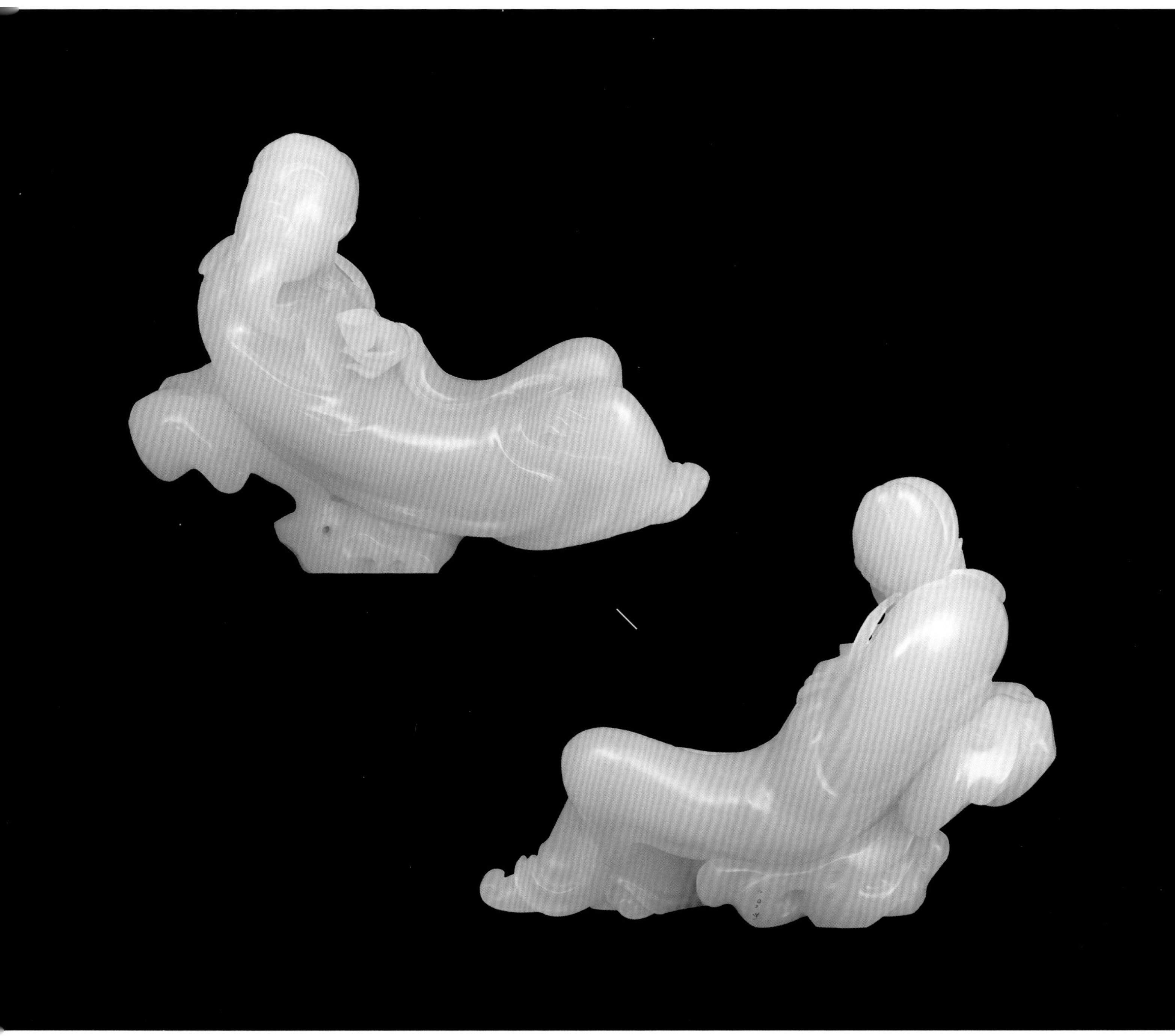

吴德昇　太白醉酒

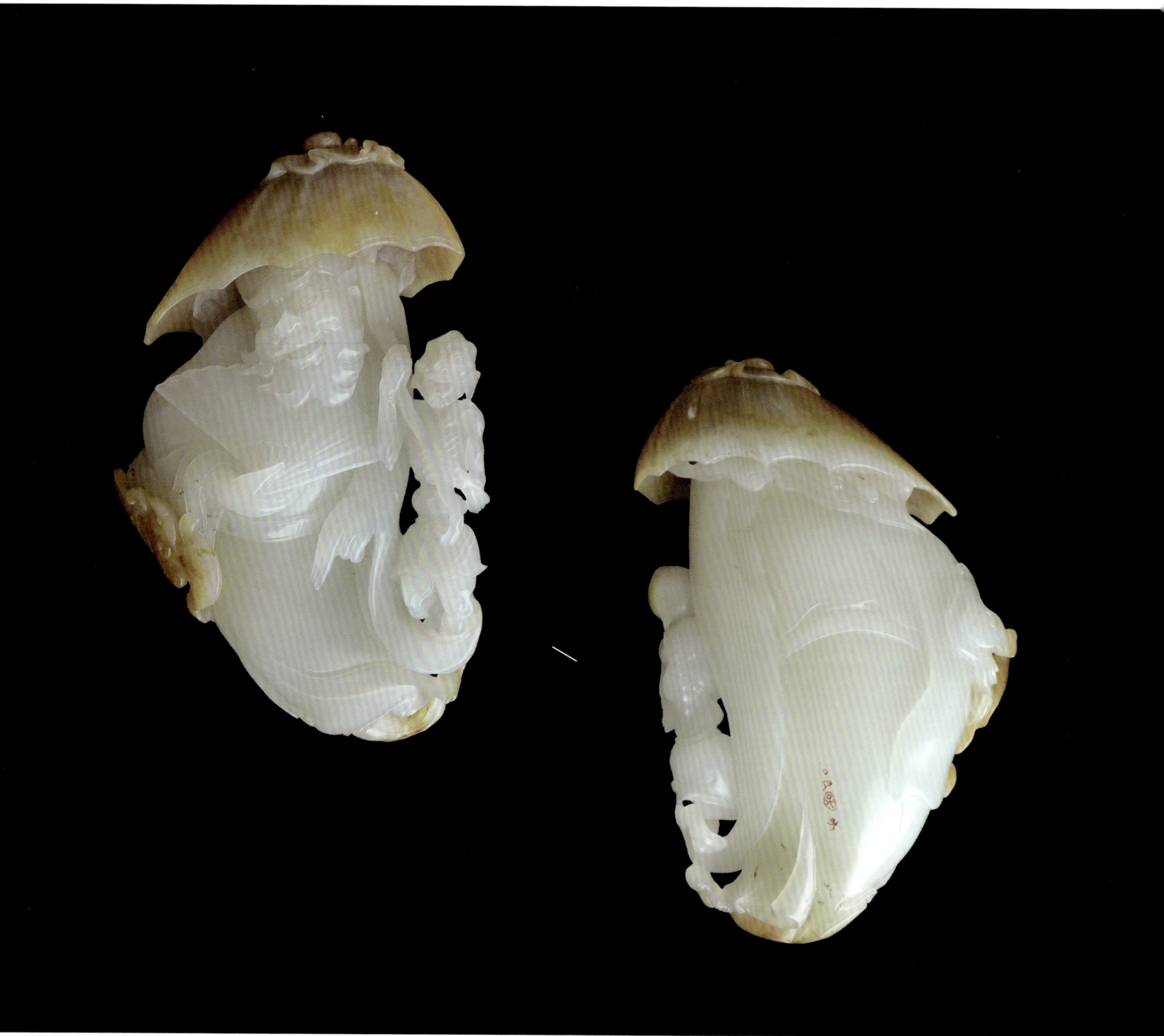

吴德昇　俏色钟馗

吴德昇　瑶池仙韵

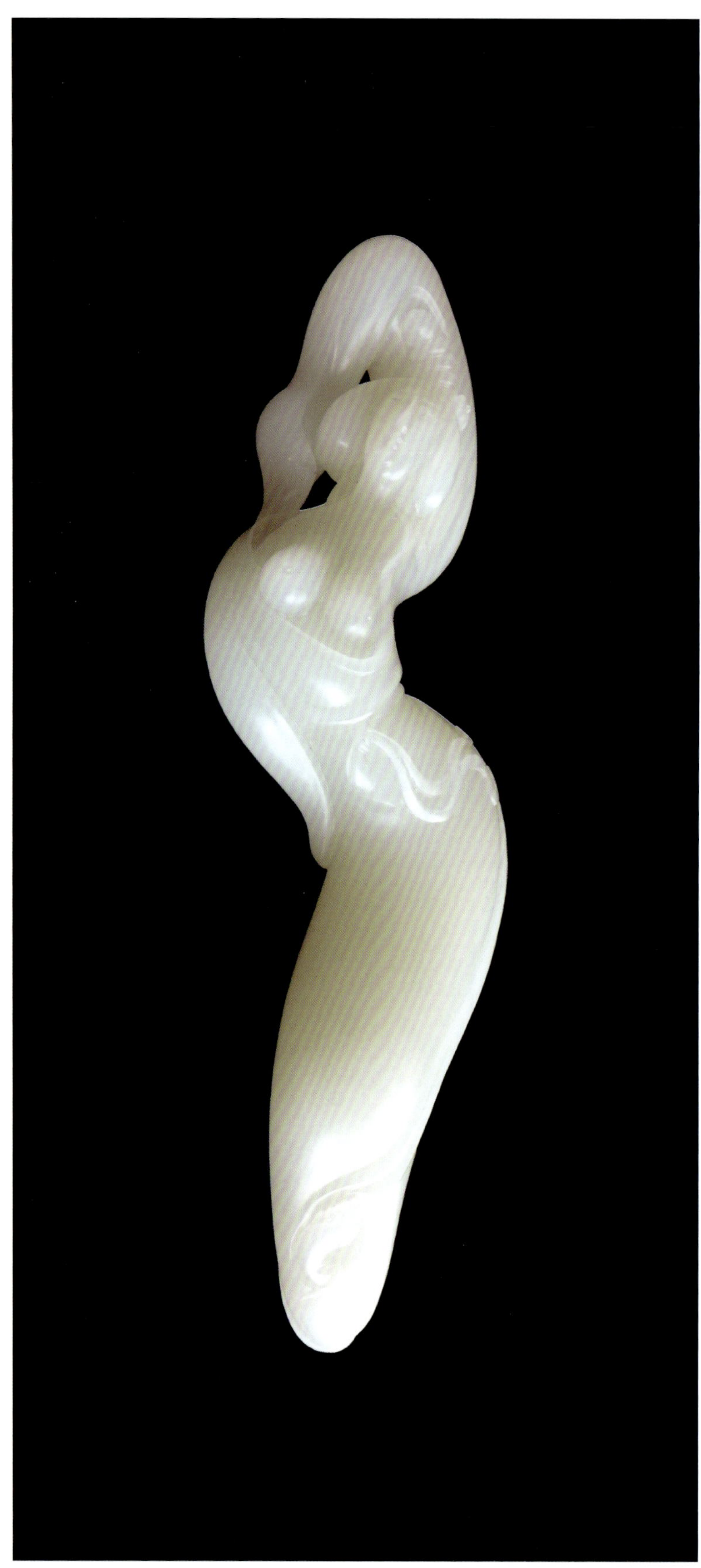

吴德昇　舞娘

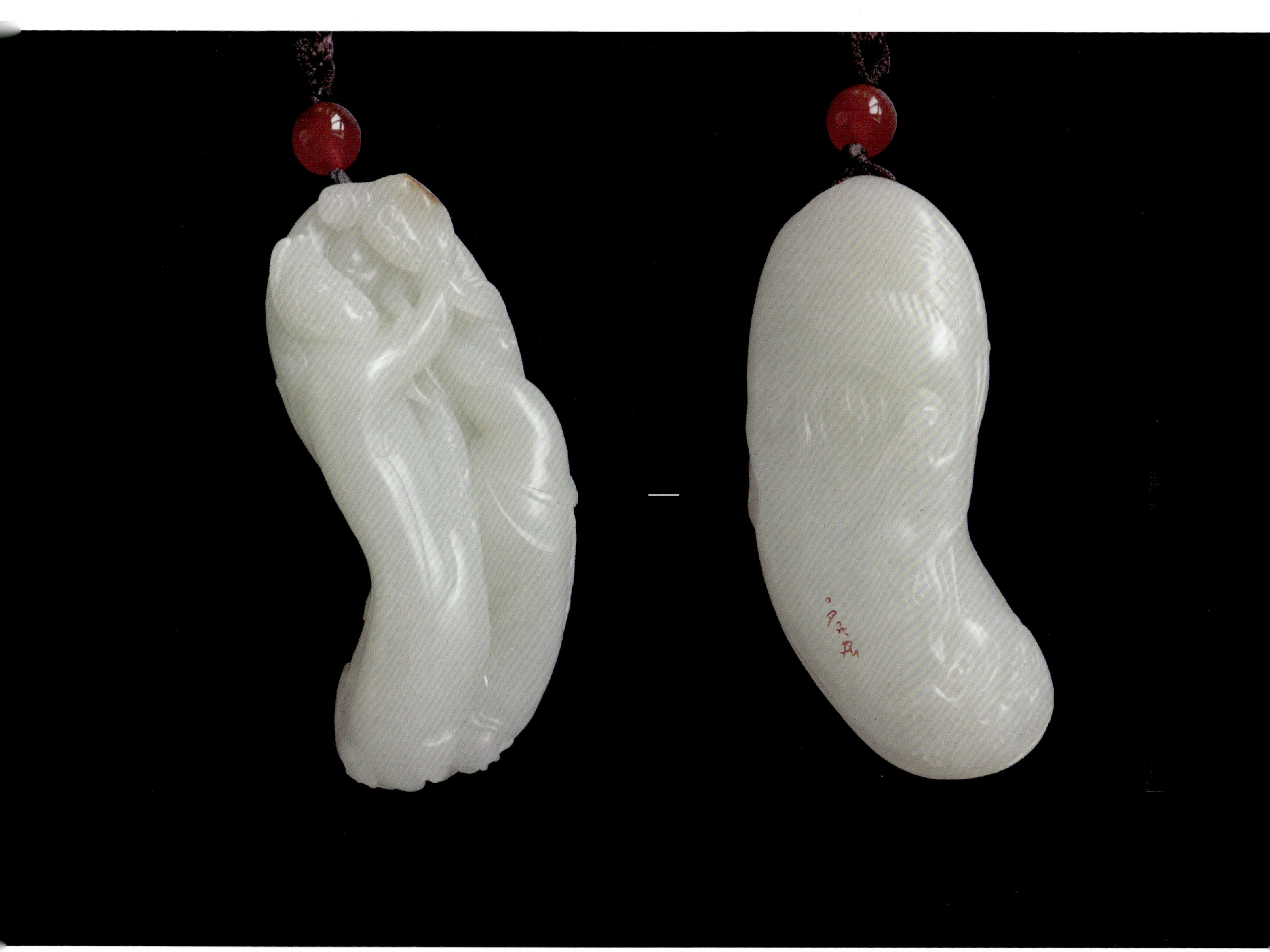

吴德昇　相拥

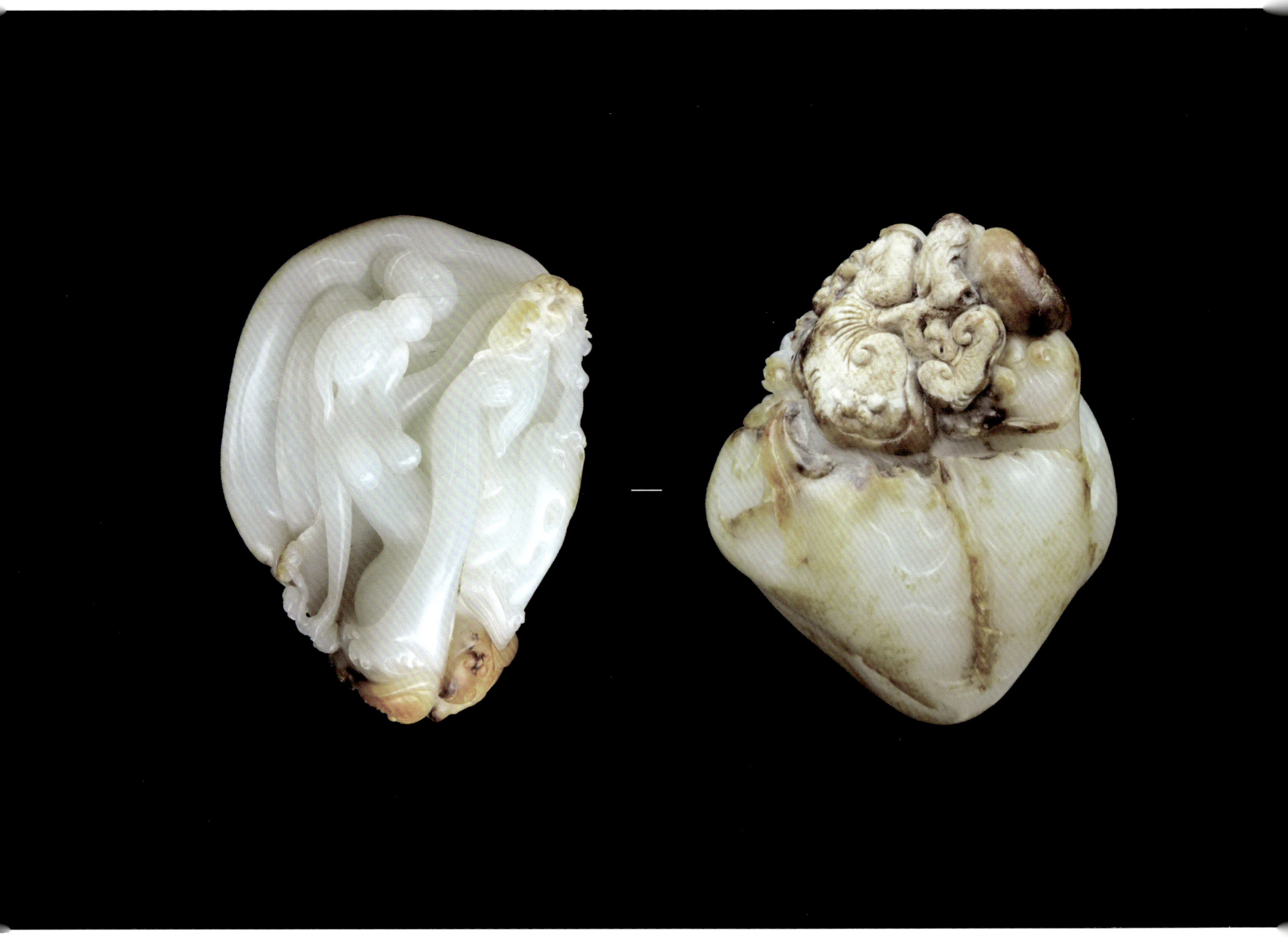

吴德昇　杨贵妃和高力士

吴德昇　裸女

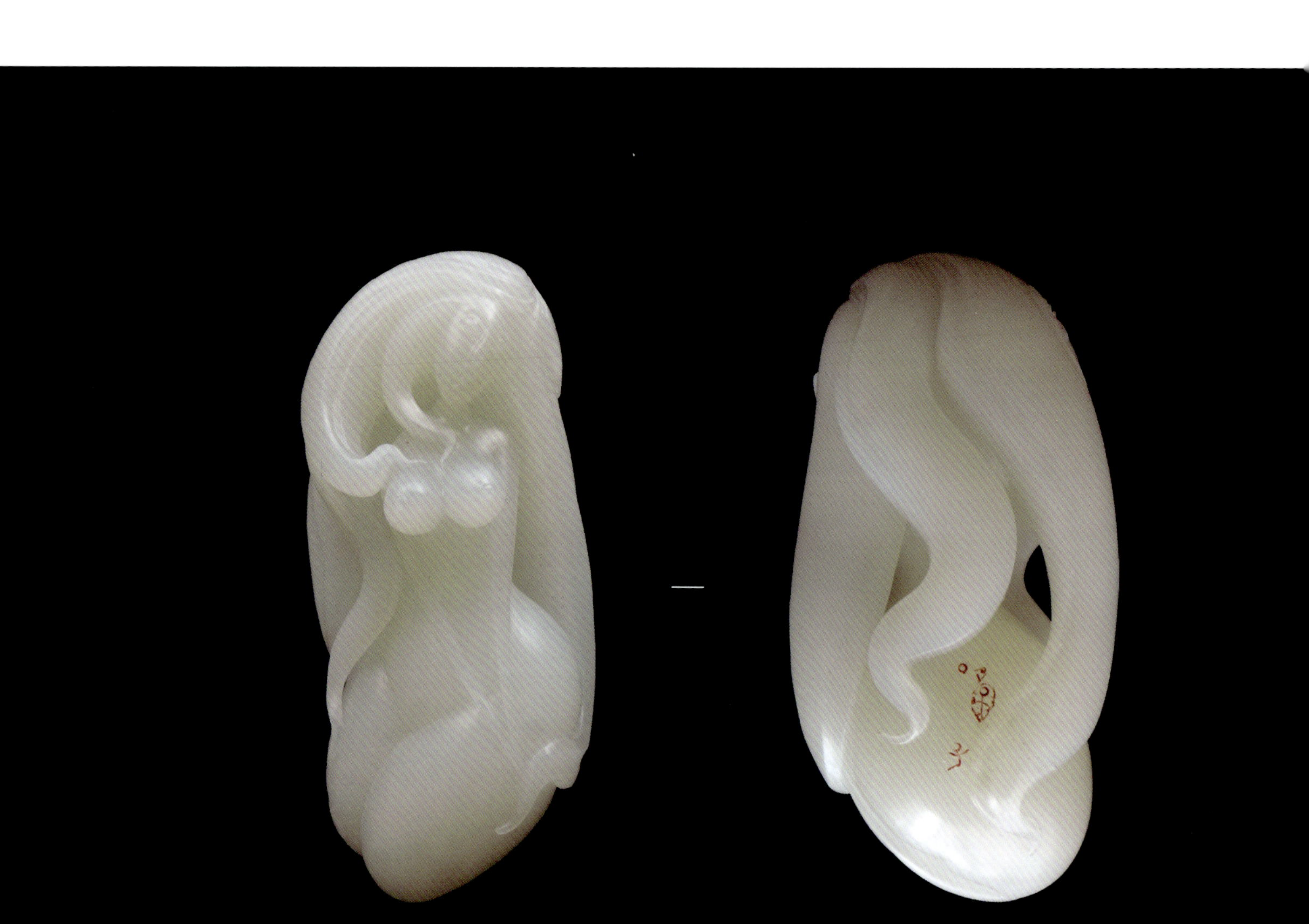

吴德昇　裸女

吴德昇　裸女

吴德昇　乌篷船

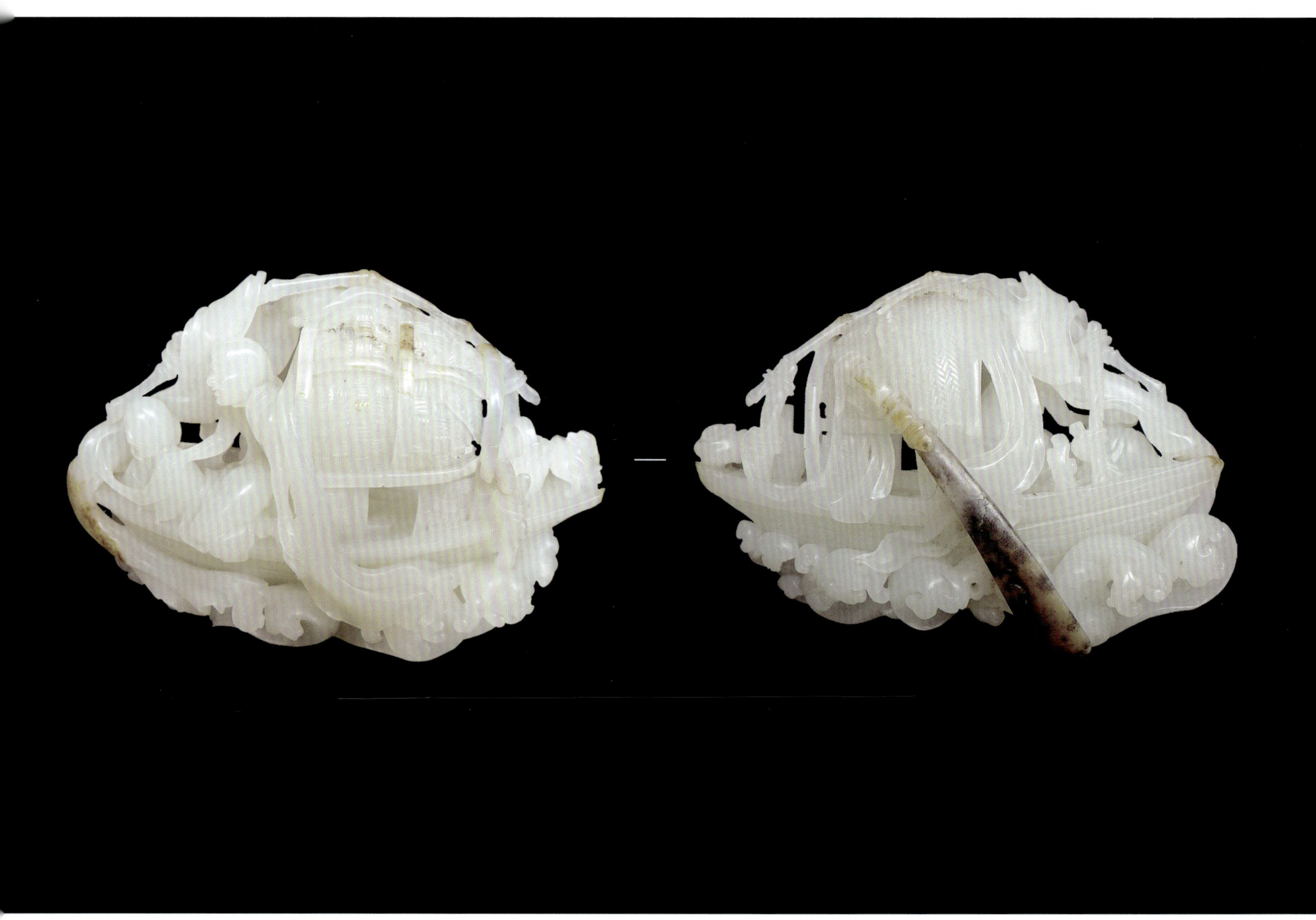

吴德昇 传（船）宗（中）接代

于泾　下班

于泾　上班

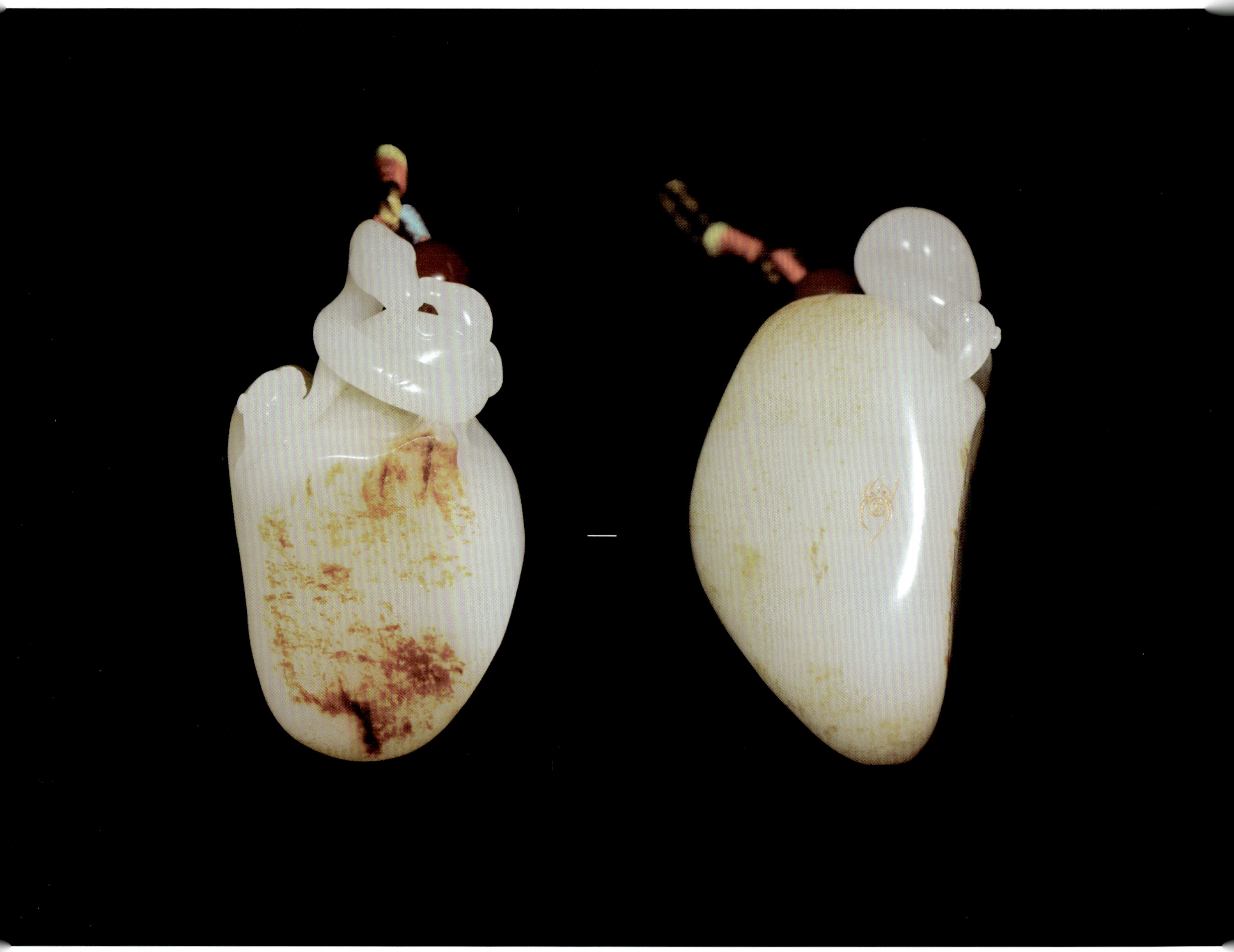

于泾　合家欢

易少勇　玉如心境

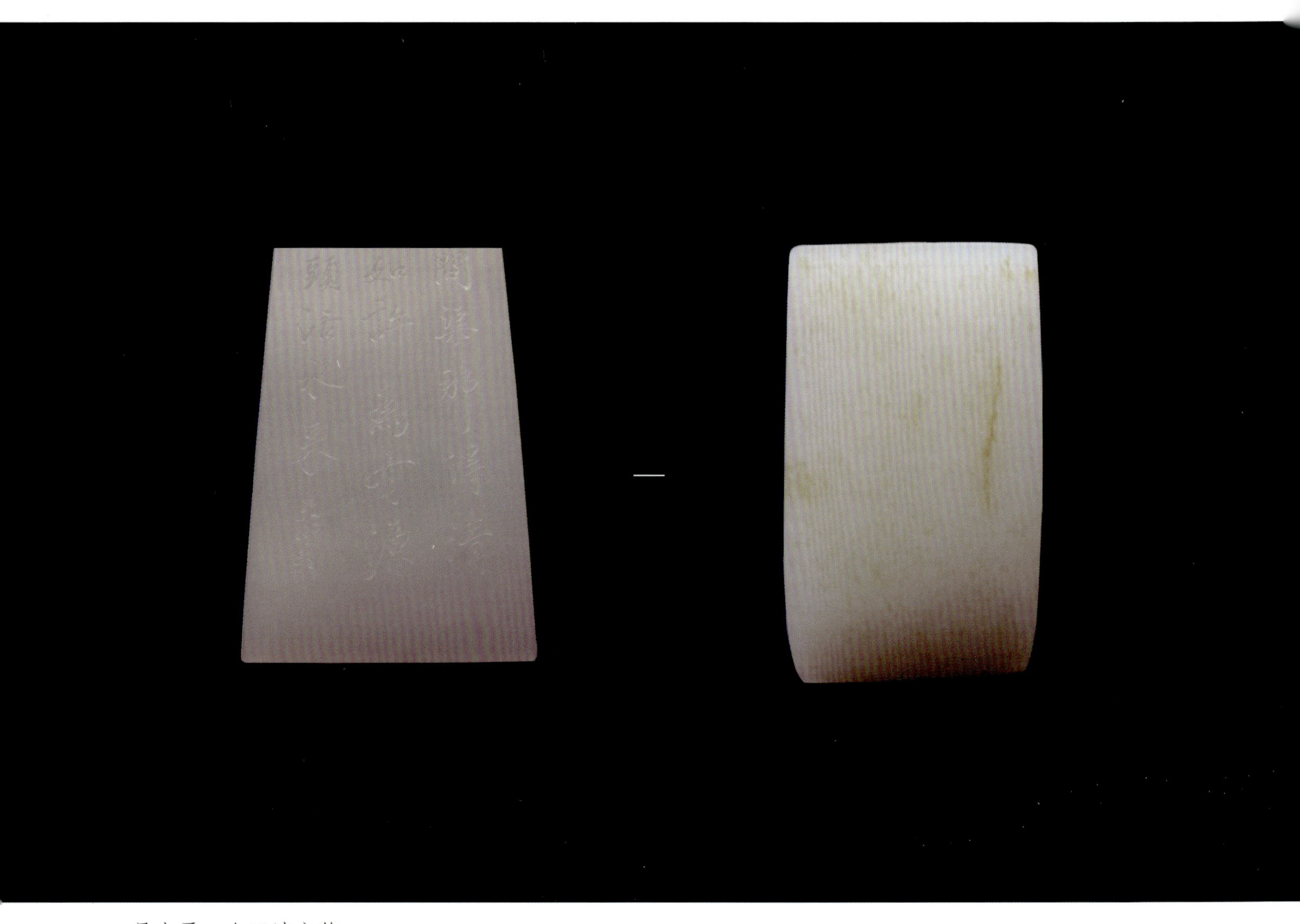

易少勇　白玉诗文牌

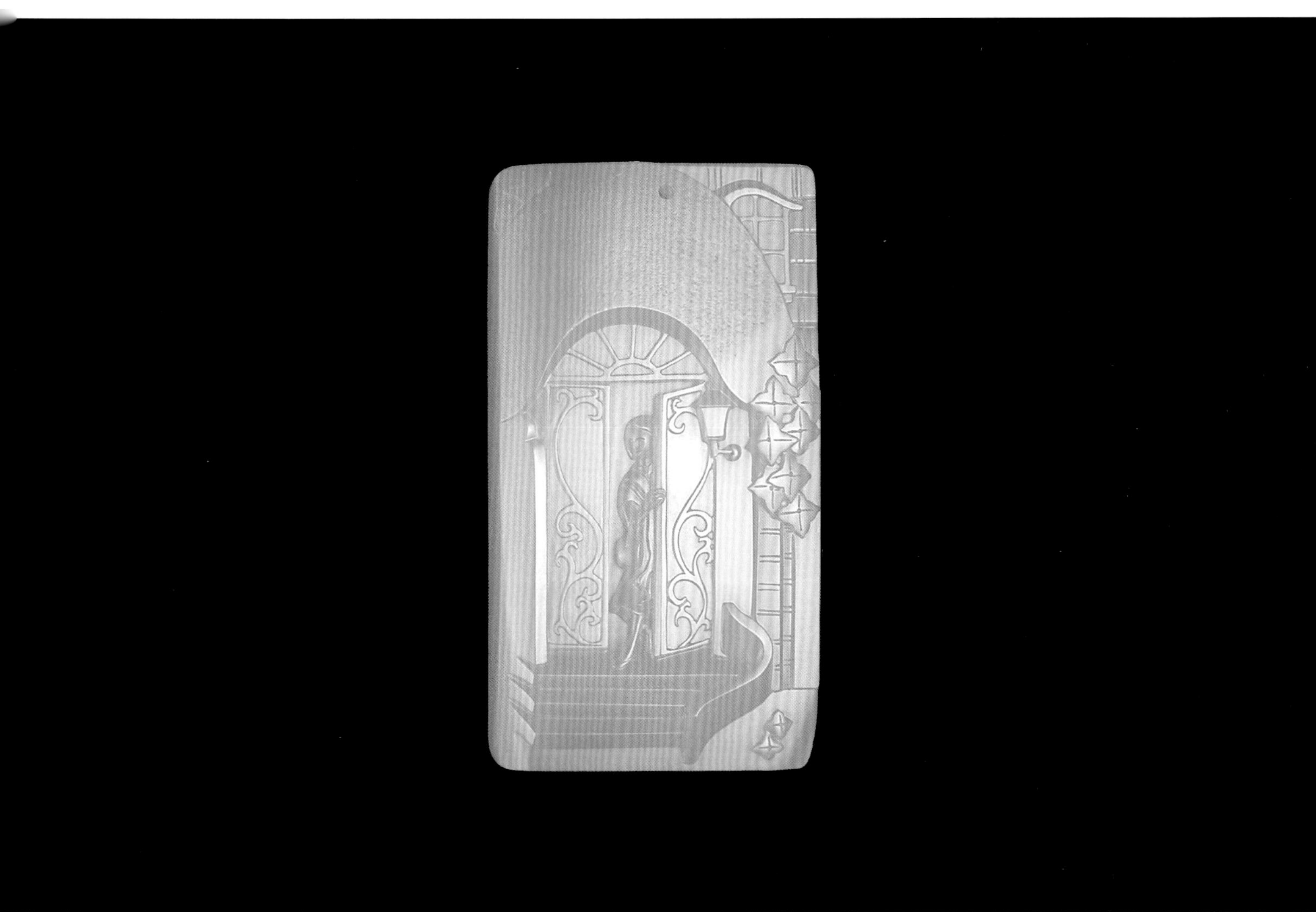

翟倚卫　晚妆

翟倚卫　花卉纹玉牌

翟倚卫　春雨

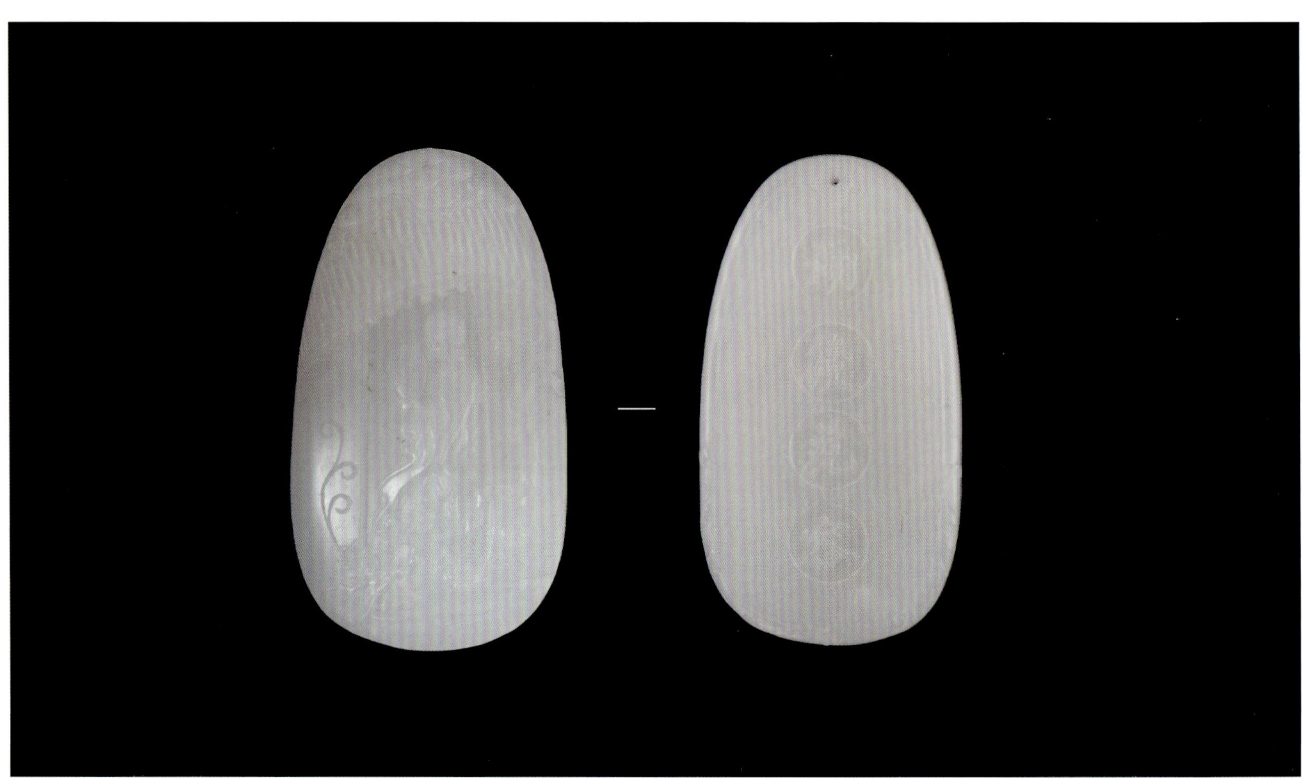

翟倚卫　和田玉籽料雨后花容牌

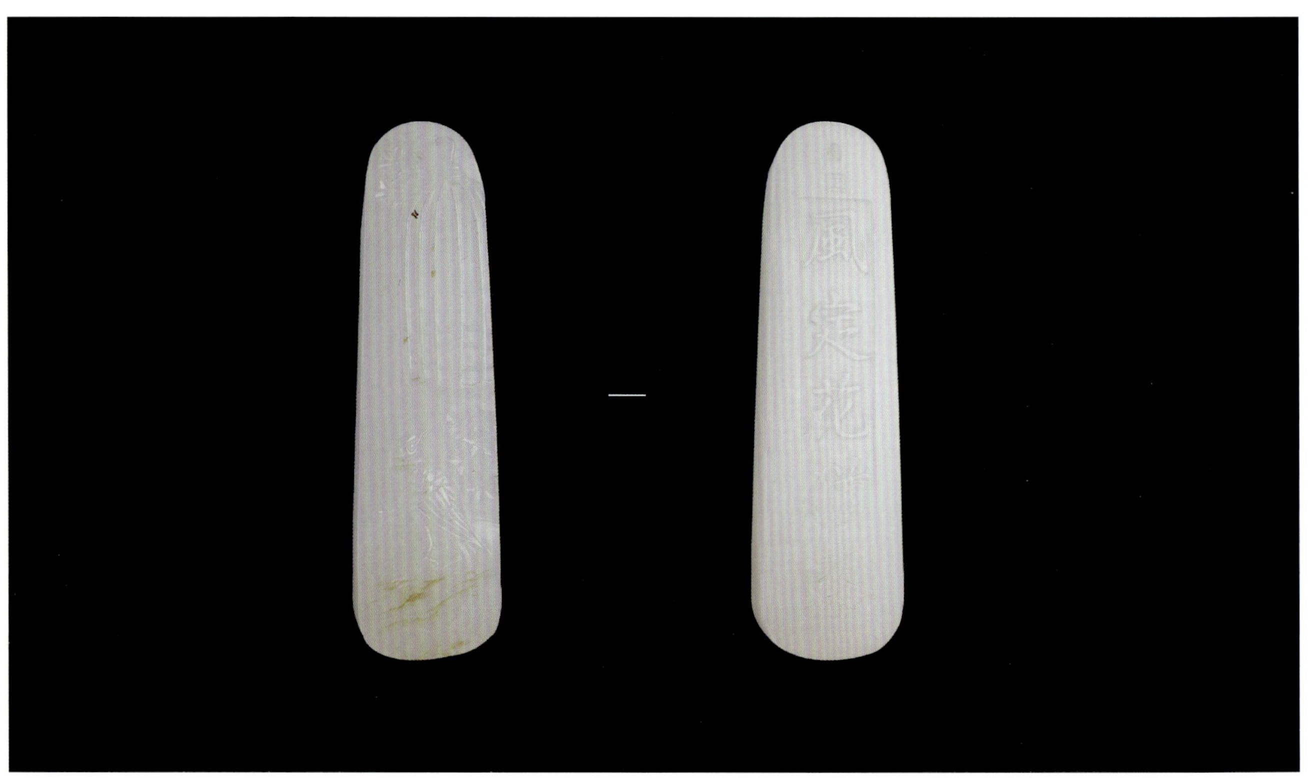

翟倚卫　和田玉籽料风定花犹落佩

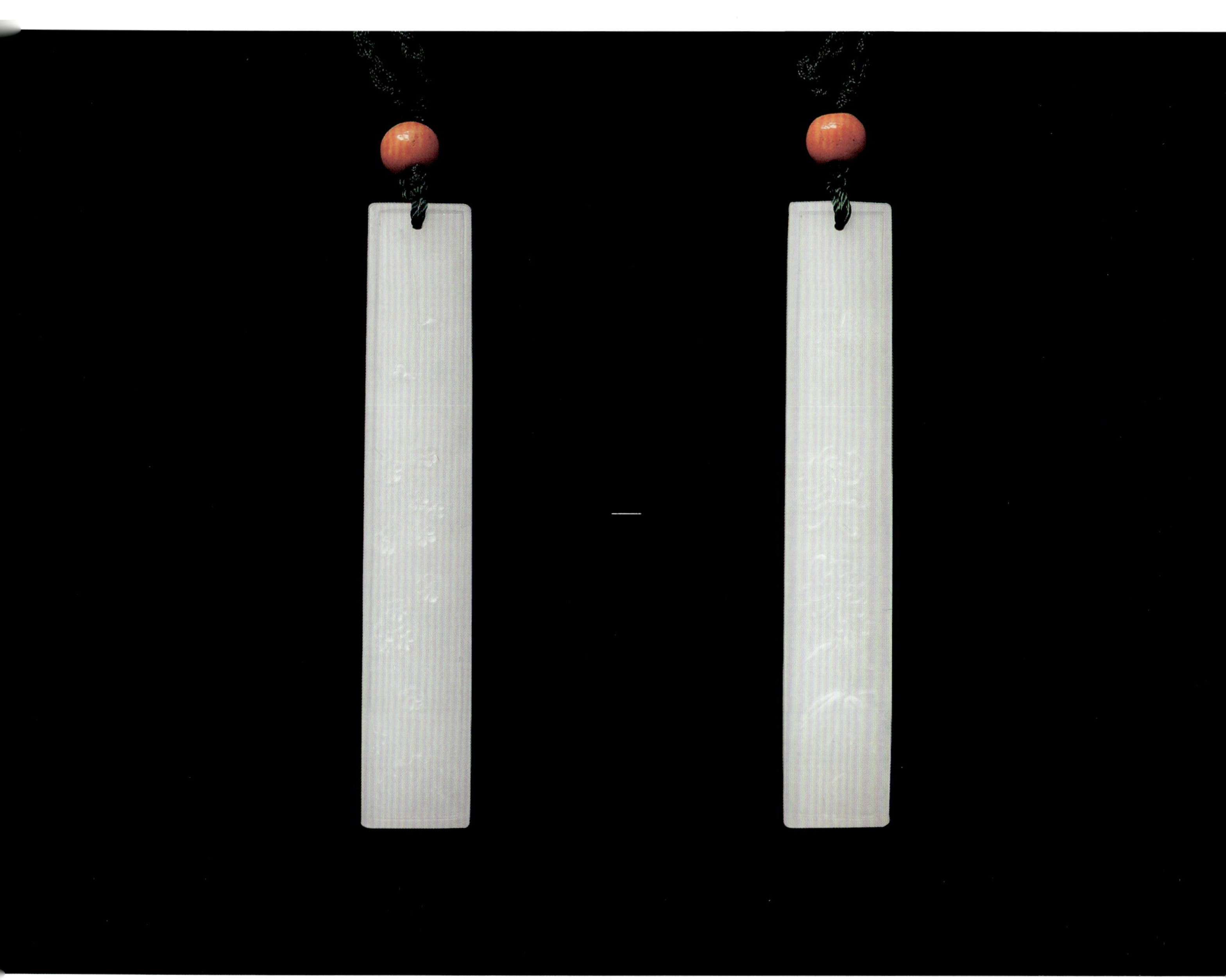

翟倚卫　和田玉籽料四季平安佩

王平　刘海戏金蟾把件

王平　纳福罗汉

王平　净瓶观音

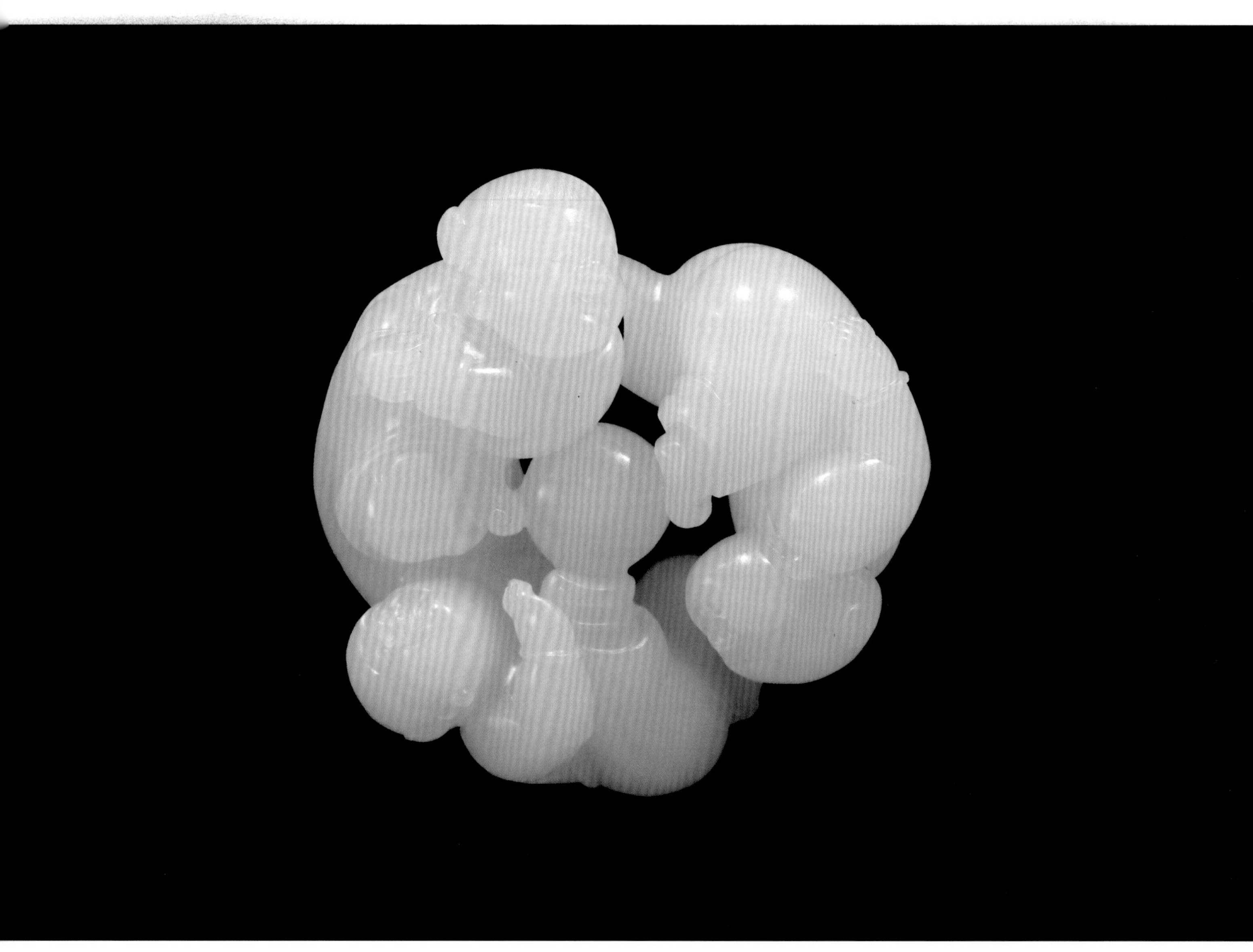

崔磊　蹴鞠

崔磊　含饴弄孙

崔磊　和合二仙

崔磊　罗汉

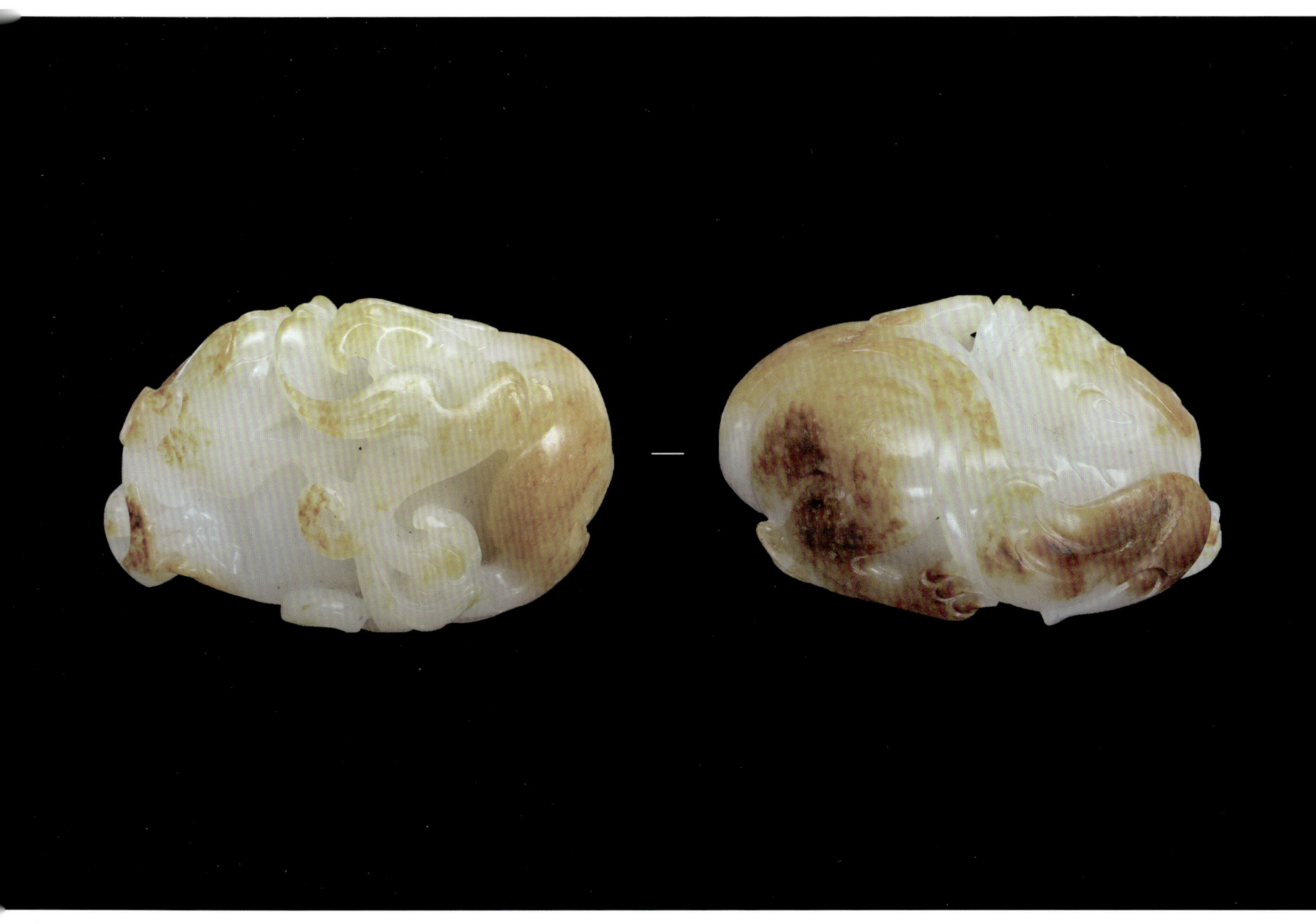

杰艺　白玉凤纹玉饰

杰艺　白玉狗

杰艺　白玉寿桃

杰艺　和谐

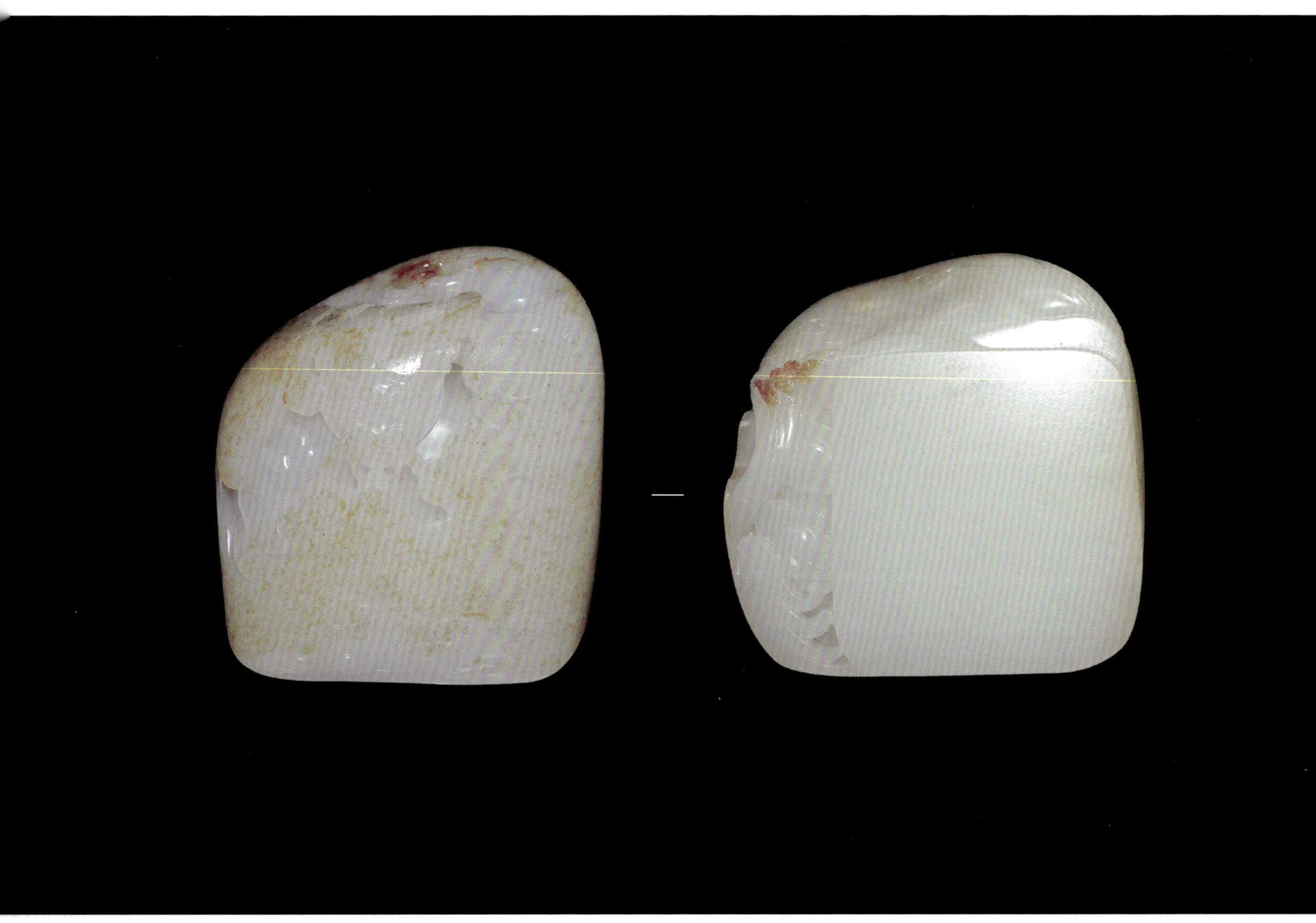

黄罕勇　龙掌印

黄罕勇　独占鳌头

徐志浩　水牛家族

林金波 于红见　九龙插牌

卢亚东　三足炉

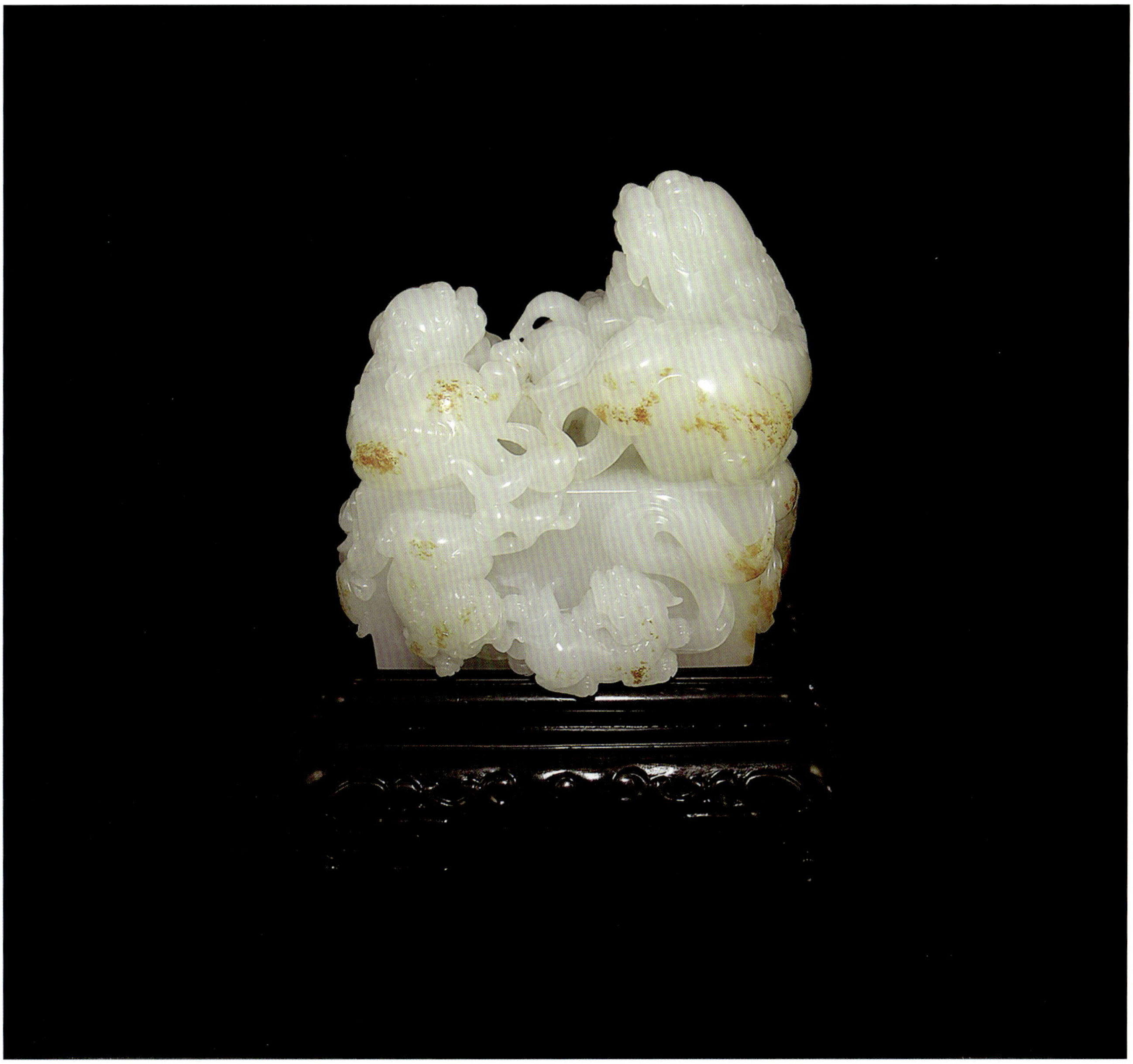

郑文湖　瑞兽印章

马建华　香炉

钟健林　戏剧国粹

苏州玉器

苏州玉雕的历史和现状

□ 马建庭

一. 历史的渊源

中国的玉器文化源远流长，每个时代的玉器特征各不相同，期间也形成过一次次的高潮，但严格地说，玉器在历史上大的发展高潮仅有三次，分别是新石器时代晚期、汉代和明清时期。在这里，我且不说良渚文化时期，江南一带就有玉器制作，创造了中国历史上最早的玉文化；也不说北宋时，朝廷在苏州设立造作局，其中役使的工匠就有许多玉工。就说明清时，苏州的玉雕曾达到了一个高峰。当时，琢玉的主要地区在江南一带，苏州和扬州成为全国最重要的两个琢玉地。明代起，苏州成为东南经济文化中心，尤其是明中叶以后，苏州号称“江南首都”，不但生活奢华，而且引领时尚潮流，玉器等高档消费品市场极度振兴，致使苏州的琢玉有了很大发展。明人宋应星在《天工开物》一书上，就有“良玉虽集京师，工巧则推苏郡”之说。当时，苏州著名的雕玉代表人物陆子冈被人们誉为”鬼斧神工”，曾琢玉水仙，玲珑奇巧，另有刘谂、贺四、王小溪等人善琢品玉，若仿古之作，竟可乱真。

至清乾隆，苏州不但要向朝廷提供玉匠、玉料，还担负加工玉器的任务。当时，宫廷专设造办处琢玉坊，几次召取苏州玉工赴京为宫廷制作玉器。这些苏州籍的玉工及其传授的门徒大多居住在前门一带，被誉为“苏帮”。 乾隆帝曾写诗称赞：“相质制器施琢剖，专诸巷益出妙手。”据记载，苏州曾向宫廷解送各种精美玉器，有玉佛、玉磬、玉宝、玉碗、玉册、玉羽觞、玉瓶、玉象棋、玉鼻烟壶等30余种300多件，苏州琢玉作坊更是达八百三十多户。在阊门内的专诸巷、天库前、周王庙弄，宝林寺前，向南诸如王枢密巷、石塔头、回龙阁，梵门桥弄，学士街直到剪金桥巷，到处可闻一片“沙沙”的琢玉声。而阊门吊桥两侧的玉市更是担摊鳞次，铺肆栉比，至今许多老年人

明・子冈款玉樽

还习惯地把吊桥称之为“玉器桥”。琢玉行业视周宣灵王为祖师，行会就设在周王庙，每年阴历九月十三至十六，全城大小近千家作坊都要拿自己最精心的杰作作为祭祀的供品去陈列。届时，同业相互观摩，各路客商云集，市民争相观摩，热闹异常。这种现象，在全国玉雕行业内可能也是凤毛麟角的。在明清手工业全盛时期，苏州玉器制作达到高峰，成为全国同行业的翘楚。

清末民国初直至解放前夕，苏州玉雕行业面临原料稀少、产品滞销、工人失业的岌岌可危的境地。新中国成立后，苏州建立了玉雕生产合作社，使玉雕生产逐渐复苏。在计划经济的条件下，苏州玉雕虽然在外贸出口、人才培养等方面取得了显著成绩，但是“大锅饭”和“八级工资制”抑制了技创人员的积极性，随着改革开放的大潮涌起，企业向市场经济转型时，使苏州玉雕陷入低谷。在挣脱了机制、体制的束缚，经过了脱胎换骨的历程，以民营、个体为特征的玉雕经济却逐步雄起。

二. 当代的发展

自20世纪90年代以来，随着苏州经济的快速发展和广大民众生活水平的逐步提高，崇玉、爱玉、藏玉、制玉的传统习俗在苏州及其周边地区悄然兴起。特别是本世纪以来，苏州玉雕发展迅速，逐步形成了一个庞大的工艺文化产业，并具有以下特点：

一是从业人员众多，据不完全统计，苏州玉雕以前店后作坊式的工作室和个体为主，从业人员超过二万人，其中一大部分来自全国各地的玉雕从业者，包括江苏、浙江、河南、福建、安徽、上海、新疆等地。

二是分布面广，生产经营活跃，在古城区的相王弄南石皮弄一带集中了400-500家玉雕工作室和个体作坊，在园林路一条街就有40多家前店后作坊的工作室，在东渚、光福一带更是集中了大量的玉雕作坊和从业者，仅是光福地区就达6000余人。

经营玉雕的商铺也随之大量涌现，古城区观前地区内就集中有观前文化城、兴福玉器城、大成坊玉器古玩城、观前老凤祥银楼玉器商铺，以及相王玉器城、文庙古玩城、工人文化宫玉器商铺等；在光福镇玉器一条

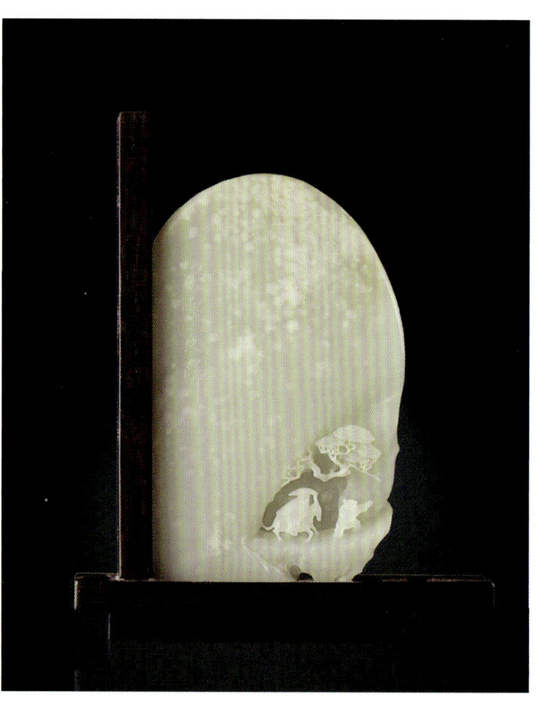
杨曦：逢雪夜归（图片提供：博观广告）

街及周边，拥有玉器商铺500余家；还有一批正在积极筹备与招商准备开设的玉器商铺，就连分布于社区的菜场，也时常有流动玉器摊贩出现。

蒋喜：翁仲（图片提供：博观广告）

三是经济总量大，近几年玉器产销两旺，据估计，苏州玉器年经济总量达30-40个亿。

四是新一代玉雕人才不断涌现，并逐步崭露头角。苏州现拥有八位中国玉石雕刻大师，其中四人已荣获江苏省工艺美术大师，一人荣获江苏省工艺美术名人称号，且均年富力强，成为开创苏州玉雕一代新风的技艺领头人和行业标杆，这在新中国成立以来的苏州玉雕历史上所从未有过的，一大批更年轻的初、中级工艺美术师也正在迅速成长。

第五个特点是苏州玉雕以中小件为主，其中以明清件、仿古件居多，并多以和田白玉为材，涉及人物、动物、花鸟、山子、器皿等，做工精美而富有创意，备受广大收藏爱好者喜爱和市场的追捧。

苏州并不产玉，但制玉发展如此迅速，这在全国可以说是绝无仅有的。苏州玉

俞艇：天宫双耳炉（图片提供：博观广告）

葛洪：玄武（图片提供：博观广告）

雕在当代的发展有以下几大因素：

一是得益于苏州这块水土，“上有天堂、下有苏杭”，苏州不仅是座文化气息浓郁，环境优美的宜居城市，而且苏州的经济在改革开放以来得到了超速发展，位于全国大中城市前列，民众生活水平比较富足，又有爱玉、藏玉的传统，具有巨大的市场购买力。

二是苏州的开放度高，宽容度高，在尊重民间手艺人通过家传、师承与自学成才的从艺手段，与讲究个性，独立创新等传统习俗的良好社会氛围下，全国各地的制玉名手也纷纷集聚苏州，融入苏州，不仅使从事制玉的队伍日渐扩大，而且使各种流派、风格相互交融，使传承和创新的氛围十分活跃。

三是苏州的文化艺术和各工艺门类品种齐全、技艺精湛、风格典雅，姐妹艺术之间相互借鉴，取长补短、潜移默化，促进了苏州玉雕的创作和技艺水平的不断提升。

四是苏州玉雕建设了一个人才培养和技艺交流的平台，自2008年以来苏州市工艺美术行业协会玉雕专业委员会创办了“子冈杯”玉雕精品展，至今已历四届，而且一届比一届精彩和兴盛。它对激励和引导广大从业者潜心钻研技艺，增强创作能力，提高知名度和品牌效应具有很大作用，同时在发现人才、提升人才，提高苏州玉雕在全国的地位，扩大其影响力等方面发挥了不可或缺的推动作用。

（本文作者马建庭为苏州市工艺美术行业协会玉雕专业委员会会长）

苏州玉器佳作赏析

言有尽而意无穷

——杨曦《龙凤牌》赏析

□白　静

这件玉牌是杨曦古韵风格的一件作品，借鉴了上古时期玉雕纹饰中的龙、凤、蝙蝠、八卦等传统图案符号，是一件运用全新的设计理念和创造方式创作的佳作。

玉牌选用上等和田籽料制成，料性极佳，油润滑腻，坚致细密，顶部稍带一点灰黄皮色，为了欣赏玉石的古朴本色，裁料时特意保留了玉皮的弧度，效果自然随意，独具匠心。玉牌的四角也做了圆润的弧度处理，玉牌置于手中贴合掌心，给人以圆融、亲近之感。玉牌画面也未做边框处理，这别出心裁的设计，令主体图案有出廓、延展至画面之外之感。

此件玉牌运用平面设计理念将玉雕纹饰元素进行重构，打破了传统玉雕的画面格局进行全新的组合。平面设计是一种创意语言，是将作者的思想以构图和文字的形式表达出来，用单纯的视觉元素来传播作者的设想和计划。平面设计理念可以将不同的基本图形，按照一定的规则在平面上组合成图案，也可以以手绘方法创作。主要在二度空间范围之内以轮廓线划分图与地之间的界限，描绘形象。而平面设计

所表现的立体空间感，并非实在的三度空间，而仅仅是图形对人的视觉引导作用形成的幻觉空间。

在创作过程中，《龙凤牌》这件作品采用了杨曦大师独创的“虚实结合”表现手法，增强了玉牌图案的视觉效果，充分调动出平面元素所包含的讯息，令画面图案更富意境感。作者对于题材中欲突出的纹饰不吝刀工，精雕细琢，而对于一些次要内容则如滤镜滤光般的渐变至无，以无代有，层次更加鲜明。画面纹饰有凸有凹，渐渐延伸到画面之外，神龙见首不见尾，给人极大的空间想象，是一件富有现代设计感的仿古题材作品。

值得一提的是，中国艺术美学极为重视虚实结合的原则，但从没有人将这一原则运用于玉雕之中。中国水墨画、书法、诗歌等艺术形式都讲究留白，所谓“计白当黑”，以无代有，使得中国艺术非常具有艺术意境。杨曦在玉石上大胆采用虚实手法，突破了历代玉雕平面的表达手法，既体现了效果的虚实关系，又表现了空间的前后关系，也说明了题材的轻重关系，总之这一原则的应用淋漓尽致地表现出题材画面的轻重缓急。这种看似简约、抽象的纹饰，却是中国玉雕史上开创性的创意。

杨曦将仿古题材运用平面设计理念进行全新的组合，发展了中国玉器纹饰艺术，开创了一种新的纹饰形式。中国古代玉器，每个时代都有自己的纹饰及其创新，新石器时代，玉器的纹饰是简单的、平面的，依靠其直观形象来表达思想内涵，没有立体的纹饰可言。春秋战国时期，玉器纹饰有了发展，开始有了连贯性纹饰，有了立体的感觉，人们开始在玉器上感觉到了纹饰美。而后的数千年，玉器的纹饰力求在平面中创新，明代的多层次玉器，将玉器纹饰发展到了新阶段，使其在平面内达到多层次的立体效果。其后，玉器的纹饰开始向绘画效果发展。举一个最著名的例子，明代玉雕工匠陆子冈在玉器上甚至在皇家作品留款，搞得皇帝很不愉快，欲借机杀掉他，于是命他创作一件雕有千匹骏马纹饰的扳指，陆子冈最后完成了只有三匹马的扳指，扳指上，一匹马的头部刚刚进入画面，一匹完整的马在画面中间，一匹马的头部已经驰骋出画面，扳指画面只有三匹马，但其寓意却已包含了千匹骏马，这种寓意境于画面之外的艺术表现方法，给人以丰富的想象，使纹饰的表现方法达到了新的境界。时至今日，玉器纹饰又有了新的表现形式，那就是杨曦的虚实结合法，开创了玉器纹饰的新时代。可以想象，如果当年陆子冈所雕三匹马的扳指，以杨曦虚实的手法表现，不仅会给人以千匹骏马的想象空间，还可能表现更多的内容，而且令平面为主的玉牌纹饰能达到以无代有、境生向外的艺术效果。古人没能做到的杨曦能做到，他的平面设计理念和虚实结合手法，丰富了中国玉器的纹饰表现形式，为中国玉文化增添了新的一页。

这件玉牌由于采用平面设计理念和虚实手法，整个牌面层次丰富，在有限的空间内容纳了多种纹饰，将龙纹、凤纹、蝙蝠、八卦重构在一起。左边上部雕有两条飞龙，仿秦代形制，造型浑圆古朴，线条婉转流畅，龙头以实来表现，凸起面非常

流畅大气，身体渐渐隐去，结构把握得精准，给人留足了想象空间。右边上部雕有凤纹，以仿汉代瓦当形式悬浮于画面上方，隐约呈现半面结构，纹饰的线条刻画技法大胆，采用粗糙化的边缘断面方式处理，来表现瓦当年代久远的沧桑之感。左下方雕有蝙蝠纹，与上部静态的龙凤纹形成了态势上的反差，纹饰以火焰般的“S”形线条来表现，具有强烈的动感，给人呼之欲出的形象感。右下方的八卦纹隐含着万物负阴而抱阳、阴阳相成而生变化的哲学寓意，与画面上半部构图中的“龙凤同翔”意韵相通。

《龙凤牌》将古代玉雕纹饰及图案创新布局，画面灵活生动，纹饰飘逸唯美，技法老道多变。作品用多变的线条和虚实的纹饰，使玉石的质感更显完美，将玉牌的观感推向新的境界。“仿古而不泥古，简洁而不简单”，是对这件作品成功之处的最恰当描述。

全新的设计理念，贯穿着作者张扬的思想和个性。我们可以从作品中窥见作者深厚的国学认识，以及张弛有度的人文修养。当代玉器中以仿古形制最难突破，杨曦的一些雕刻作品借鉴融合了西方雕塑的一些手法，甚至在探索着抽象题材的创造，每有新作问世总能给人全新的艺术感受，他的仿古作品已经完全脱离匠气，使玉雕作品从单一的技巧过渡到艺术创作，是艺与术的完美结合，这也是艺术家对生活和创作的升华和总结。

自在静逸　巧妙天成

——俞艇《薄胎双耳瓶》赏析

□白　静

此件作品为苏州俞艇大师的薄胎器皿，取名《薄胎双耳瓶》。整件作品玉质纯净温润，造型规整轻巧，线条流畅柔和，雕工精细入微。瓶体椭圆形口、足，镂雕莲叶形双耳，呈“S”形弧度卷曲，通体起凸雕饰缠枝莲纹，盖面周饰缠枝莲叶纹，尖顶花苞形纽。

作者俞艇先生是苏州第一个大胆采用青海碧玉做薄胎器皿件的人，如今作者的碧玉薄胎器皿已广为业界好评，其薄胎器皿的创作也已达到当代国内顶级水准。此作的原料温润细腻，是青海碧玉中的上品。作者在制作过程中先将原石的玉璞（业内俗称皮）杂质和裂痕剥去，留取纯净的部分，然后再根据料型合理设计。俗话说“玉不琢，不成器”，此作品用料恰到好处，设计精巧独到，充分展示出玉料的美感，一块璞玉终成大器，可见“料由天然，玉在人为”。

这件梅瓶造型所运用的工艺又是薄胎器物中难度较高的。梅瓶是众多瓶形器皿中的一种，在古代有多个名称，如：鸡腿瓶、经酒、经瓶等称谓，据文献记载，梅瓶的称谓是在清代才出现的。梅瓶的特征是小口、鼓腹、收腰，历代梅瓶的器型都略有不同。梅瓶的用途众说纷纭，有的认为最早是用来盛酒之用，有的说是插梅花之用，故称“梅瓶”，但现多用以装饰摆设，梅瓶在很多艺术门类里都有出现，制作材料丰富多彩，有瓷器、陶器、漆器、木雕、玉器，等等。

作品设计创新之处还在于把瓷器造型借鉴运用到玉器上，形成了独具特色的玉雕风格。作品用流动的线条展现碧玉的美感，柔美的结构令观者忘记了原石的坚硬，也丝毫察觉不到人工巧作的艰辛，可谓“自在静逸，巧妙天成”。纹饰采用了西蕃缠枝莲纹，具有浓郁的痕都斯坦异域风情，同时，作者用精湛的工艺技巧将纹路雕琢得错落有致，加上留白空间的处理，令布局疏密相间，光影明暗起伏，使作品又充分具备了中国传统的审美格调。从色泽到质地，从纹路到造型，达到高度融合。作品结构匀称，体量娇小可人，很有亲近感、融合力。

千雕万琢方成一器，薄胎玉器来之不易。一件出活需要经过几十道工序，做粗坯、掏膛、磨花、碾薄、抛光……尤其是做到几毫米厚度薄如纸的地步，还要在上面雕刻细如发丝的纹饰，稍有不慎，便可能穿孔乃至破裂。雕琢的难度可想而知。挑选一块完整而无瑕疵的玉料非常重要，因为材料的色彩是否均匀一致、细腻润洁，会直接影响到一件玉雕作品的观赏性，乃至于它本身的经济价值。这件薄胎器皿作品取材于青海碧玉，青海碧玉材料颜色纯正，致密度高，罕有瑕疵，呈半透明

的菠菜绿色，这种质地的材料非常适合用于制作薄胎玉器作品，因而当代多数碧玉薄胎作品都取材于青海碧玉。作者高超的抛光技艺赋予材质油脂光泽，更具滑感。

一件作品不单器型要完美匀称，花纹的设计与摆布至关重要，花纹设计存在多样性。有山水、人物、花鸟、走兽、龙凤、花卉，等等。这件碧玉梅瓶的花纹采用了花卉纹装饰，在设计花纹的时候，作者借鉴了西洋花卉的画法和伏地隐起的浮雕相结合，这种表现手法能充分体现花卉纹的层次感。在花纹雕琢完成后，还有一道关键的工序就是薄胎的处理，所谓的薄胎处理，就是在已经完成的玉雕器皿的基础上进行再次掏礶，这个步骤也是最需要全神贯注的时候，要把器皿的器壁掏薄至一毫米左右。最后才是打磨和抛光，这件作品用亚光和玻璃光泽，将纹饰层次展现出来。

鬼斧神工的技艺，将薄胎器皿的轻盈透过碧玉细腻的质感展现出来，顺逆光影流转，节奏层次丰富，营造出柔美空灵的艺术效果，作品以器皿独有的静态来震撼视觉和心灵，令人近之即屏息凝神。作品通体清澈透亮，透过灯光能从内壁清晰地看到外壁的纹样，充分体现了苏州玉雕工艺的“空”“飘”“细”的特点，代表了当代国内玉雕器皿工艺的最高水平。

薄胎玉器的制作兴盛于乾隆时期，是受到痕都斯坦玉器的影响而出现的。文献记载，乾隆皇帝对这种玉器极为赞赏，誉为“薄如纸、轻于铢”，“抚外而影瞻内”，并命内务府设立专门仿制“痕玉”的作坊，称作“西番作”。此后，民间也有仿制，并融入了中国本土文化元素。薄胎玉作多用于碗、杯、盘、洗等器皿，因贵重易碎，故多作为陈设之物以为观赏。制作薄胎玉器玉质要上品，工艺要上等，因此此类玉器多是中国玉器史上最鼎盛时期乾隆年代的作品。《薄胎双耳瓶》采用先进的技艺精细打磨，运用创新的设计构思，同时继承了薄胎玉器轻薄剔透、土洋结合的艺术特征，从料、工、形、韵等各方面，充分体现了当代玉雕人融古纳新的玉雕创作理念。此器是足可与古代薄胎玉器相媲美的当代精品。

杨曦　钟馗

杨曦　玉如意

杨曦　战马

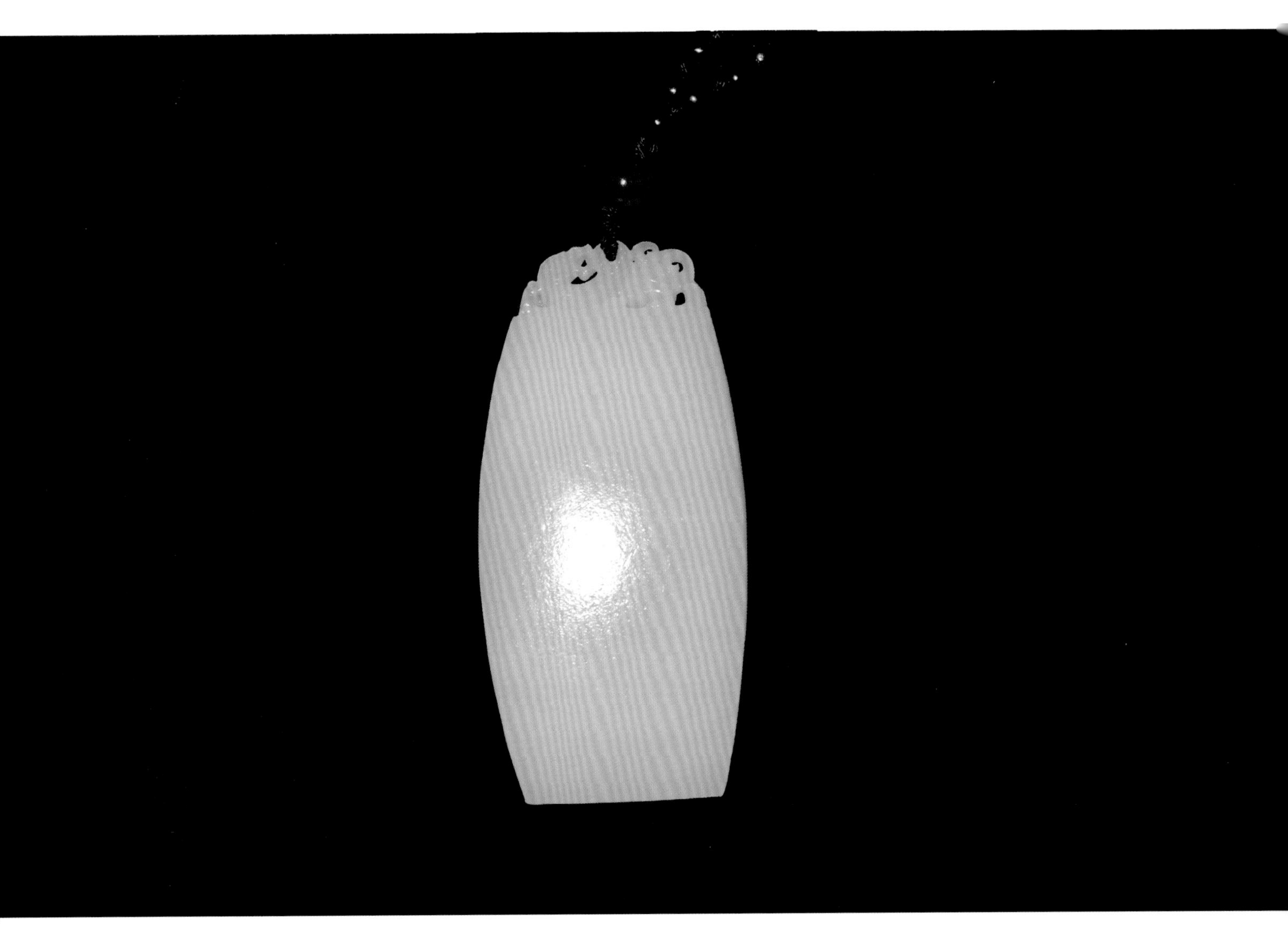

蒋喜　必定辟邪

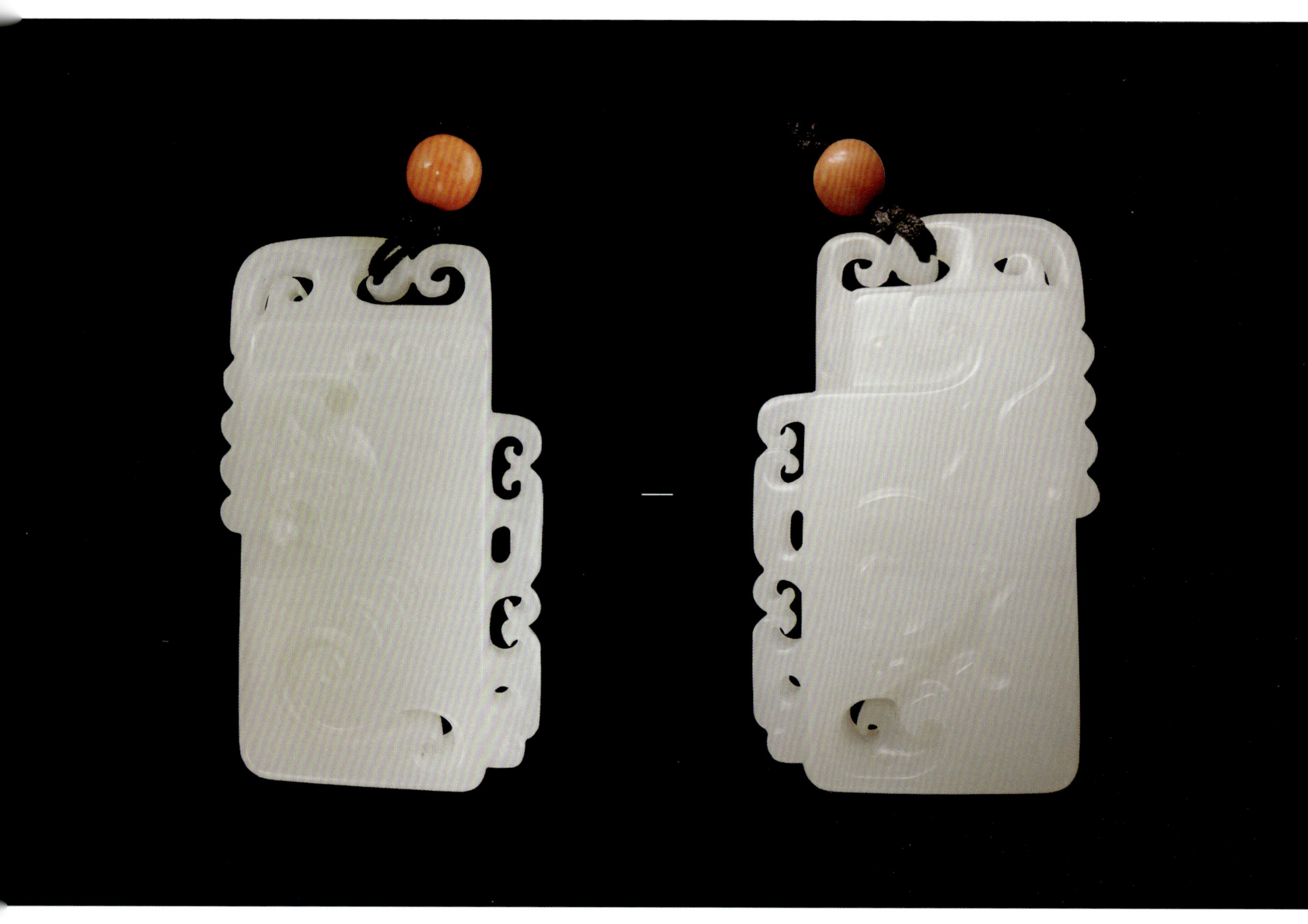

蒋喜　和田玉双龙佩

曹杨　玉牌

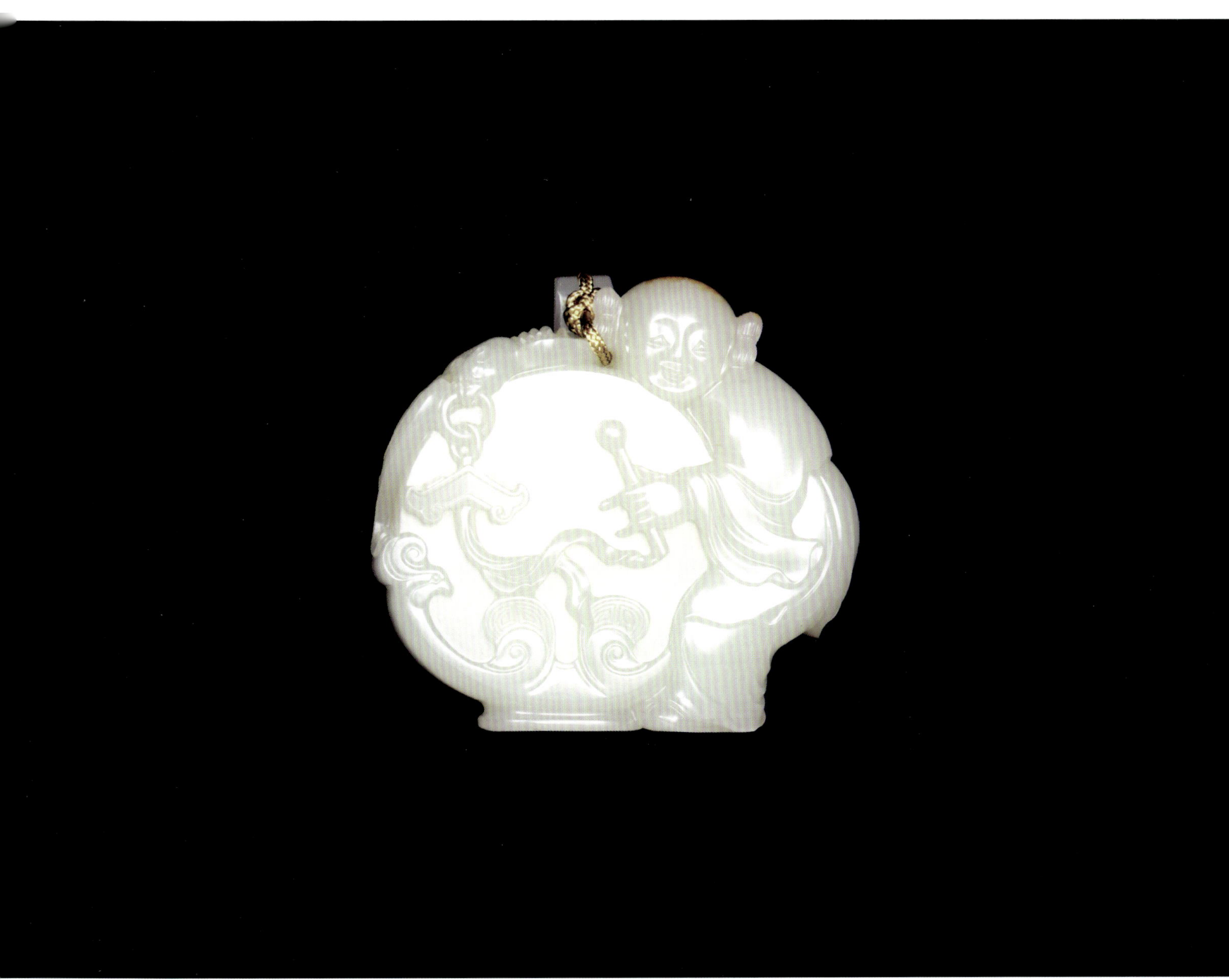

曹杨　童子击鼓

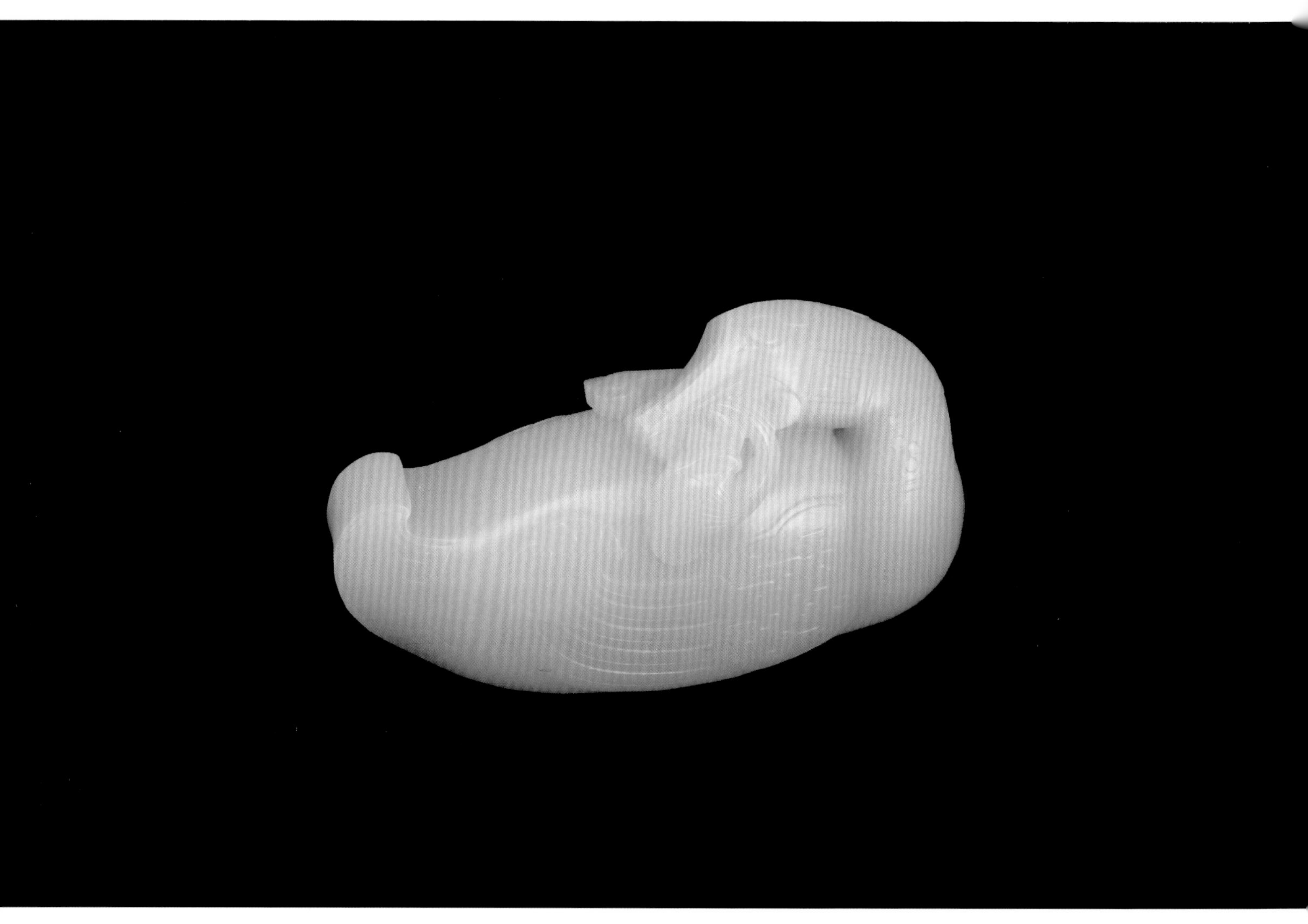

曹杨　宝鸭

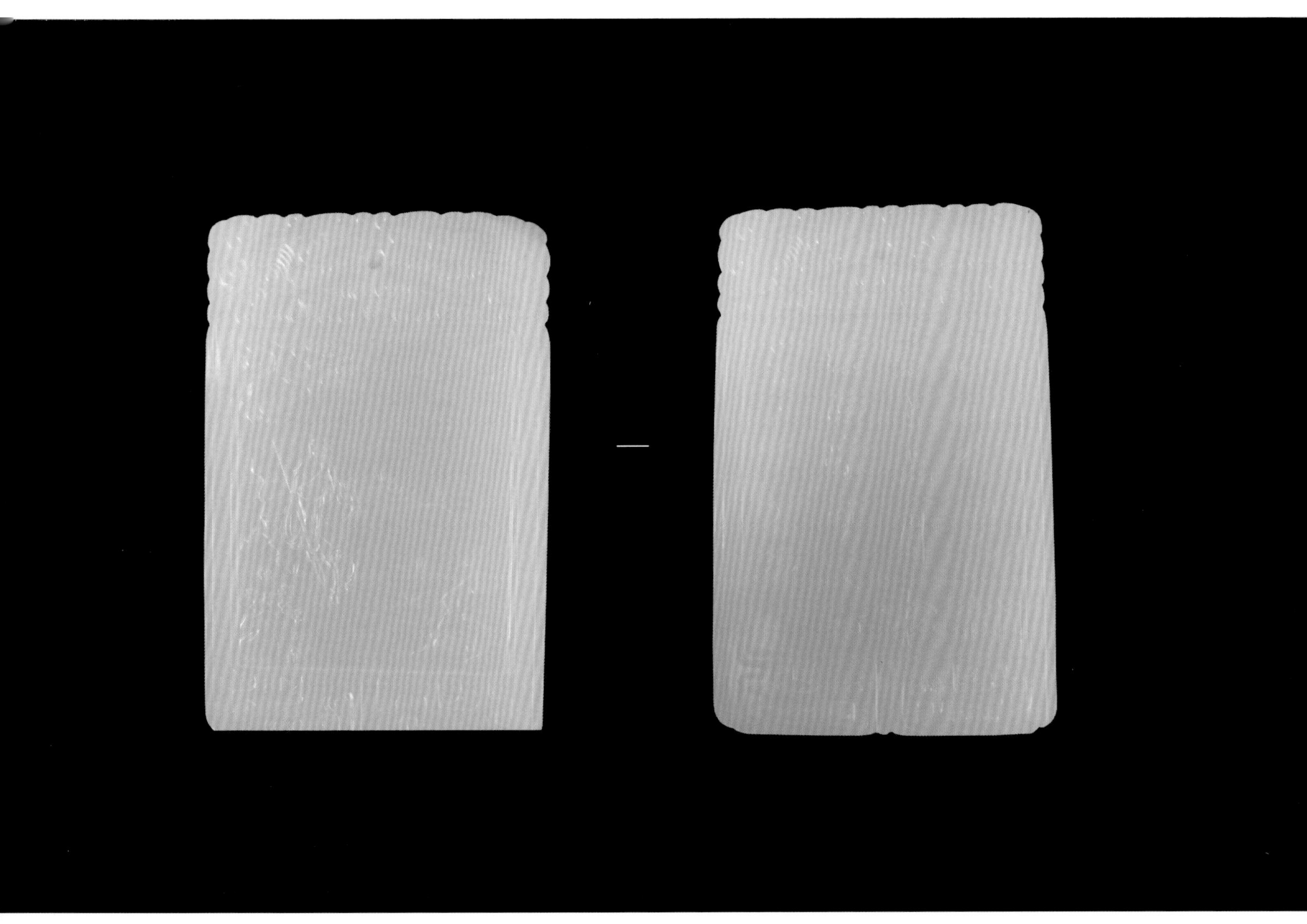

陈冠军　和田玉狩猎图子冈牌

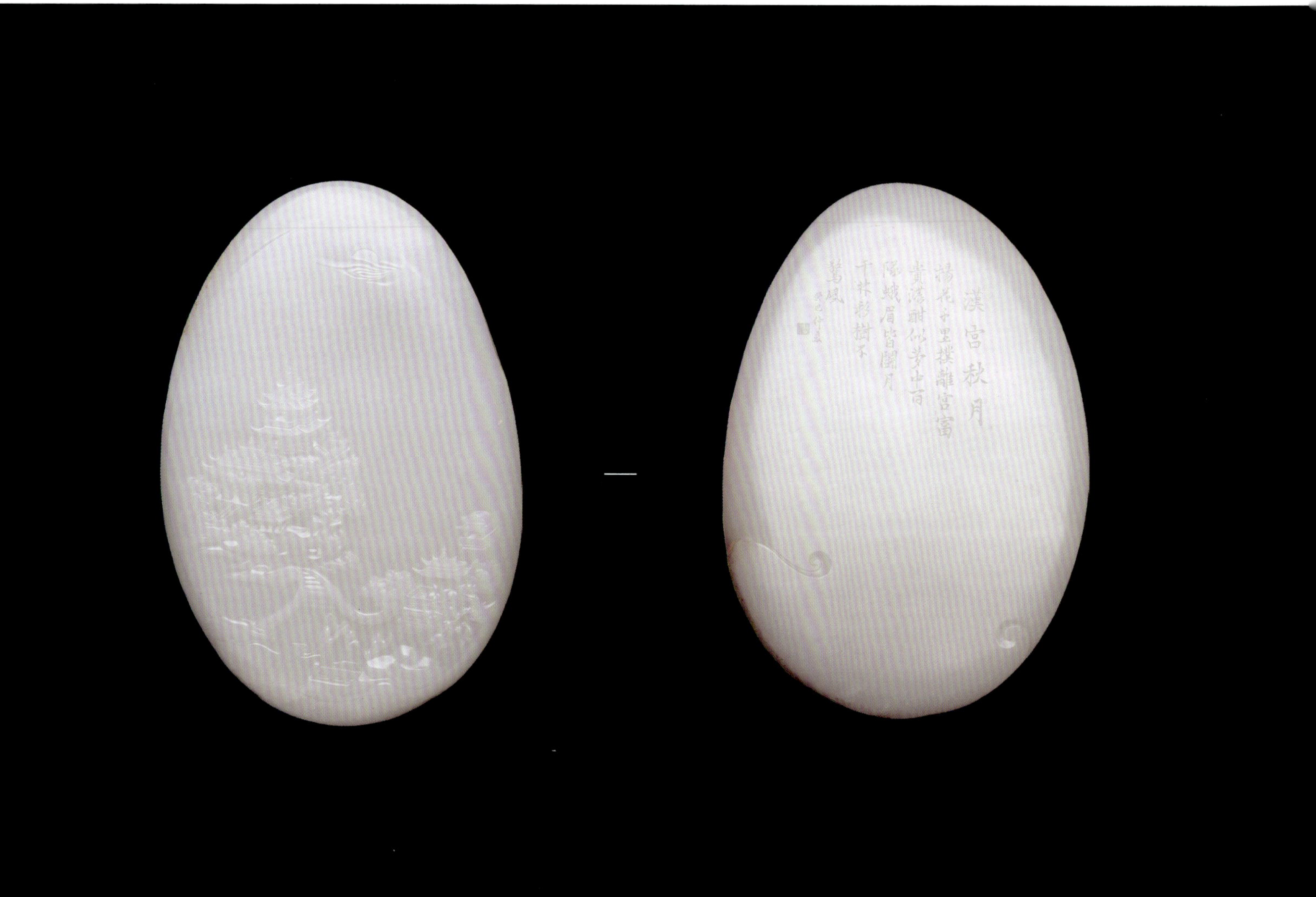

唐伟琪　汉宫秋月

忠荣玉典　籽料加官晋爵牌

苏州玉雕　马踏乾坤

苏州玉雕　碧玉薄胎碗

苏州玉雕　痕都斯坦薄胎三角炉瓶

苏州玉雕　活环福运双耳瓶

苏州玉雕　锦绣中华

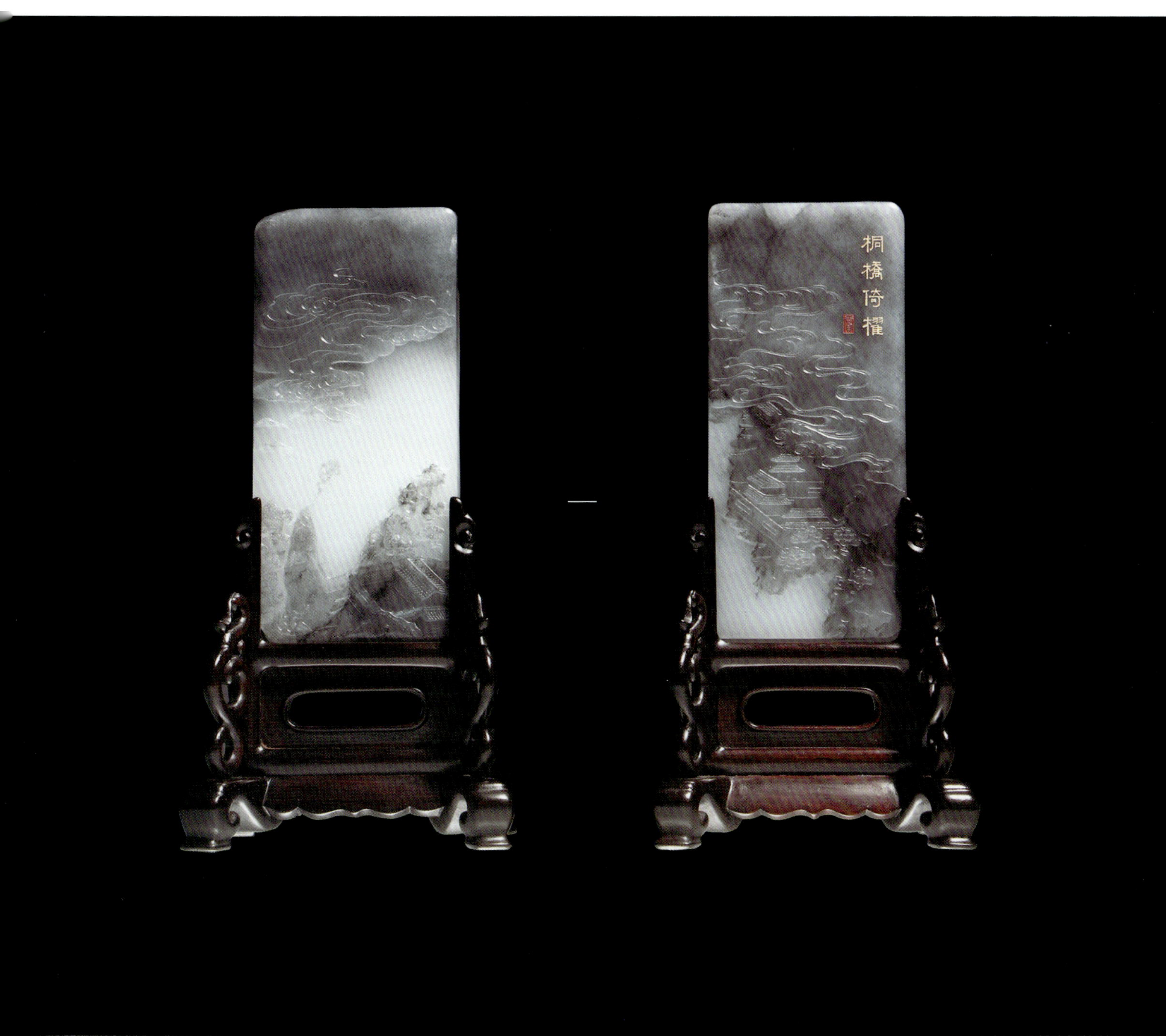

苏州玉雕　苏州印象插牌

苏州玉雕　竹林七贤

扬州玉雕的发展更是走在了时代的前列，在兼容并蓄上体现的日益明显，已然有了“雄秀兼并”的气势。而正因此，扬州玉雕千百年来凭借着精湛的雕刻技艺、高雅的艺术品位和浓厚的文化气息著称于世。

扬州本地并不产玉，但从古至今，扬州的便利交通及富庶经济却为玉雕的形成与发展创造了条件。到目前扬州做玉的除开规模较大的国有企业扬州玉器厂和外资企业扬州金鹰玉器珠宝有限公司外，中小规模的个体商户就近千家，拥有一大批的国家级玉雕大师和优秀的青年玉雕工艺师，来自世界各地的珍贵玉石如缅甸翡翠、俄罗斯白玉、新加坡碧玉以及国内的新疆和田玉、青海白玉等，都汇集于此进行加工创作，而后身价百倍的再输向更大范围。也正是因为所接触和制作的玉石种类繁多，产品需求多样，扬州玉雕在经过数千年的传承中逐渐形成了丰富多彩，各具特色的艺术品类。

目前扬州玉器主要可以分为山子雕、炉瓶器皿、人物、花鸟、走兽、仿古等6个类别，构图新颖、造型优美、做工精致，各以其独有的艺术魅力闻名遐迩。特别是大件作品最为著名，其中，尤以“山子雕”及“器皿件”技艺独具一格，代表着扬州玉雕的最高技术实力和艺术成就。

山子雕题材多用中国历史文化，在构思创作中注意利用玉石自然优美的形态，因色设物、随形施艺，把人物山水、花鸟鱼虫、珍禽异兽、亭台楼阁统一在一个画面上，着力表现作品的情节和寓意。优秀的山子雕作品层次分明，构图严谨，其亭台楼阁，花木建筑成一平面线，给人以十分和谐的视觉感观，而局部刻画更是细腻、生动，主题突出，用料上成功做到去脏遮绺，掩瑕避裂，并对俏色、皮色合理运用，使作品达到去芜存菁，英华毕现的艺术效果。

清·秋山行旅图玉山子

扬州山子雕工艺是中国玉雕史上的一朵奇葩，它始于元、明，而盛于清代。扬州雕琢巨型玉器是乾隆三十一年（1766年），由清宫养心殿造办处交于两淮盐政承做，作品为《关山行旅图》，大约用时两年多，至乾隆三十四年完工。这是扬州首次完成北京石工无法完成的巨型玉山。后来，又陆续雕琢了《云龙玉瓮》《丹台春晓》《会昌九老图》和被称为“玉器之王”的《大禹治水图》以

当代扬州玉雕的品类欣赏

□刘月朗

扬州是一座具有两千多年历史的古城，文化积淀厚重，尤其自明清以来，即为中国三大玉雕重地之一。“天下玉，扬州工。” 扬州玉雕“浑厚、圆润、儒雅、灵秀、精巧”，以其独有的艺术魅力而享誉中外。

扬州玉雕制作工艺源远流长，可以追溯到5300年前的新石器时代。在几千年历史变革中，随着扬州城的兴衰起伏，扬州玉雕也经历了几度枯荣。扬州玉器制作的鼎盛时期是清代，乾隆年间更是扬州玉雕史上发展繁荣的巅峰。那时扬州成为全国玉料的集散中心和主要生产基地，以碾琢大型玉器为扬州玉业最擅长的“绝活”，时有“扬州琢玉名重京师”之称。两淮盐政在建隆寺设有玉局，承制清廷各种大型陈设玉器，同时，大量生产玉器，将其中精品进贡朝廷，因而产生了名闻遐迩的“乾隆工”（“扬州工”）。 据清宫档案《进单》不完全统计，两淮盐政在乾隆年间进贡玉器300余件。现故宫博物院有关专家在众多的玉器藏品中，根据扬州清代玉器雕琢风格，鉴定出清代扬州朝贡的部分“乾隆工”（扬州工）玉器。经他们鉴定，这些玉器有盏、盏托、匜杯、花熏、烛台、盒、盖罐、卮、鼻烟壶、梅瓶、双耳瓶、活环盖瓶、扁方瓶、卧马、洗、五供、三足炉等多种造型和装饰，近30件。他们还鉴定出扬州博物馆玉器藏品中的一件羊脂玉《玉羊》，也是扬州贡品，是当时扬州盐政进贡朝廷时乾隆回赠扬州的一件。

历代扬州玉雕艺师创新求变，勤谨实践，将阴线刻、深浅浮雕、立体圆雕、镂空雕等多种技法融于一体，逐步形成了体现、代表扬州传统玉雕特色的“浑厚、圆润、儒雅、灵秀、精巧”的基本特征，创制了数量众多、形式各异、工精艺巧的玉器珍宝。历史上曾与北方玉雕形成两大流派，即“北雄南秀”。而在当代玉雕的发展中，百花齐放，各家争鸣的局面沛然而兴，彼此取长补短，互相融合，艺术风格的区分已经不是那么明显了。

清・乾隆年制款玉羊
（扬州博物馆藏）

苏州玉雕　祝福茶壶

苏州玉雕　紫气东来

扬州玉器

及《海马》等作品。从乾隆三十二年（1767年）扬州两淮盐政玉局雕作《关山行旅图》起步，至嘉庆三年（1798年）碾成900斤重玉海马结束，持续长达31年之久，在中国扬州玉雕史上是罕见的一次高潮。这是扬州玉雕业的“喜马拉雅”，历史文化意义深远。

顾永骏：柏子图

扬州雕琢的巨型玉器，气势均十分宏大，风格雄浑豪放，在全国独树一帜。重达数千斤乃至万余斤的大型玉器的雕琢，不但要有很高的艺术素养和雕琢技巧，而且还要求有特别的工具和多人的密切配合协作，难度大，要求高。可见，这些巨型玉器的琢制成功，它标志着清代扬州玉雕技艺的最高水平，它体现了扬州玉工在全国首屈一指的地位。

道光以后，清朝社会经济衰退，玉料日趋短缺。扬州玉雕业随之衰落，只有小件产品。山子雕逐步失传。民国年间，立雕产品已不再生产，主要从事漆器镶嵌平面玉件和男女佩饰等小件产品的生产。新中国建立后，玉器生产逐步恢复、发展。直至中国工艺美术大师顾永骏先生， 博采众长，汲取古代山子雕的创作技巧和构图方法，并以其聪明才智，加入个人观点和设计理念，逐步完善和改良了山子雕“掏洞保形”以及“砍山子”的传统技法，用于实践，于1986年琢制完成碧玉山子雕《聚珍图》，以其瑰伟气魄和靓丽风姿，在北京的展出中一鸣惊人，被香港报纸赞誉“是继中国清代乾隆年间制成的大型玉器《大禹治水图》之后二百年来仅见的玉器珍品”，昭示着扬州山子雕技法的恢复，成为扬州玉雕乃至全国玉雕发展史上的一个重要的里程碑。而也正是由此时始，扬州山子雕开始推向全国，在玉雕界内占据了一席高地。此后顾大师的山子风格继续发展，日臻成熟，直到1995年创作出代表其艺术最高成就的白玉山子雕《汉柏图》。这件作品突破了山子雕的传统处理手法，特别是在题材上有了较大的飞跃，以奇特的四棵汉代柏树为主题，作品透出的宁静、清幽、庄重、峥嵘、苍劲的无穷理念，产生一种巨大的震撼力，让人亲之、敬之、崇之、仰之，成为中国玉器山子雕的又一典范之作。

进入21世纪后，随着时代的发展，山子雕的技艺得以不断的传承和发扬，其中最有代表性的是顾永骏大师的得意弟子中国玉石雕刻大师汪德海。汪大师所走的道路与他的老师和师兄弟大相径庭。顾永骏大师的山子雕技艺，以传统技法为基础，

汪德海：女娲补天

临摹古山子的雕刻技艺和构图方法，学习运用中国山水画的构图章法，并在题材上大量吸收应用古典诗词、文学和历史故事，使扬州“山子雕”艺术更具书卷气，目前扬州山子雕也主要是继承了这一特点。而汪德海的作品则具有明显的个人艺术特点，他在山子的设计和高难度的雕刻技法方面，具有重大突破。有感于近些年玉石原料价格飞涨，日益珍罕的现状，他怀着一颗爱玉惜玉之心，创新式的利用高浮雕形式营造山子雕立体透视的效果，在2006年荣获“天工奖”金奖的作品《霄汉逦翔》上初次实践，就得到了业内同仁的普遍肯定和赞赏。到2007年，他的力作《女娲补天》进一步发展了这一创新形式。整件作品，从外到内十几层景，因势而动，意韵连贯，格局广阔，大气磅礴，细节部分的雕工更是细腻唯美，利用高浮雕的技法将原料与所要表现的主题相融合，使得玉的质地及作品的工艺特色都得以淋漓展现。由于这一技术保形而不掏洞，使雕工都展现于外，也对技术提出了更高要求，将精美二字诠释的更为深刻。它克服了山子雕过于追求细节导致的构图和工序的繁琐，大面积留白，使玉石之美得以充分保留，最大限度地节约和利用了玉料，同时也使作品的主题更加突出，达到直指人心、憾人神魄的艺术效果，得到了各界人士的一致赞赏和喜爱。此后他一发而不可收，将这一技术不断完善，应用在玉雕实践中，陆续推出了白玉山子雕《拜月图》《仙娥玩月》《麻姑献寿》《荷塘月色》《羽鹤仙踪》等一批新作，题材新颖，形式多样，或秀雅温婉，或古朴大气，或玲珑剔透，或众妙兼备，可谓件件精美绝伦，气象清新，让人眼前一亮，在中国玉石雕刻“百花奖”“天工奖”“百花玉缘杯”等国家级评奖活动中连连夺

薛春梅：罗汉图

魁，将扬州山子雕技艺推向了又一个高度。此外，顾永骏大师另一个弟子，中国工艺美术大师薛春梅设计的人物山子，浑厚中见典雅，圆润中呈秀丽，神韵丰满，体现了扬州山子雕传统技法的新发展。

高毅进：荷塘情趣

而代表着扬州玉雕技术另一个高峰的“器皿件”“链子活”技艺更是传承悠久。建国后，以刘筱华等为代表的老辈玉雕大师创作出了两件被国家作为工艺美术珍品征集，收藏于中国工艺美术馆的珍宝，凸显着扬州玉雕器皿件创作技术的卓然地位：一件是白玉《宝塔炉》，取材新疆于田白玉，色青白，成品高86厘米，下部为稳重浑厚的三足圆炉，上面是五层宝塔，层层镂空，每层塔门和窗扇式样互不雷同，塔顶部垂挂着八根共有128个细圈的玉链条，紧连在塔楼挺翘的飞檐上、翘角下是风铃，富有民族特色，是罕见的艺术精品；另一件是白玉《五行塔》，原料取自新疆且末，高140厘米，宽130厘米，一塔为主，五塔相连，互相辉映，呼应一体。线条多而不乱，纹饰繁而不碎，浑厚中见玲珑，刚健中见圆润，可谓气魄宏大，精美壮观。薪火传承，时至今天，扬州玉雕器皿件的代表人物是刘筱华大师的弟子——中国工艺美术大师高毅进和扬州市玉雕大师杨光。作为在全国享有盛誉的玉雕名家，高毅进大师的玉雕器皿以青铜器皿为蓝本，规整厚重，纹饰古朴，呈现精巧、圆润、浑厚、大气的艺术风格，集传统技法与当代精工之大成。他在创作理念上求新求变，处理手法上追求简约、朴实、明快；创作工艺上讲究纯净、流畅、精致，作品造型新颖、题材别致，功力深厚，连年荣获国家大奖，深受人们喜爱，有力地推动着扬州玉雕器皿件的创作技术不断发展。

江春元 时庆梅：白菜

扬州玉雕的另一朵奇葩是花卉摆件。其作品以中国工艺美术大师江春元先生所创作的白玉“螳螂白菜”为代表。江大师被人们尊称为“白菜大王”，他的一件被誉为“亿元白菜”的国家级珍宝造型饱满、根叶茂盛、层次清晰，无论是叶瓣翻卷和菜根的纹理都处理得精炼自然，该紧密处紧密，该奔放处奔放，可谓是破除了匠气，还原了“白菜”的生活气息，达到了返璞归真的境界，展示出扬州玉雕中花卉摆件创作的最高技艺和显赫成就。

另外扬州玉雕里对飞禽走兽的创作也颇具韵味，尤其是对其嘴、舌、爪、毛进行的细致刻画，勾纹设形，都惟妙惟肖，栩栩如生。而人物作品题材更是十分广泛，且尝试融入各种背景来衬托人物的感情，使之显得神态盈然，韵味悠长。

此外，扬州玉雕的其他大件作品如花卉摆件“大如意”、人物摆件“南海观音”、“灵山大佛”、器皿摆件“世纪宝鼎”等也工艺精良、气势恢宏。而其他中小件的作品亦特色鲜明、精彩别致，吸引着全国各地的珠宝玉器商家及私人收藏家来扬收购或加工，给扬州玉雕事业带来了源源不绝蓬勃发展的动力。

总之，现在扬州玉雕能有如此繁多的艺术品类，且技艺精湛各具特色，这既是玉雕前辈们艰苦传道、起源开拓的结果，也是当代玉雕大师们努力传承、创新发展的结果。正是因为他们的孜孜以求和探索突破，才使得扬州玉雕在全国玉雕界拥有了今天的崇高地位，我们才能欣赏到如此海量精美绝伦、妙相纷呈的作品。他们值得尊敬，他们的艺术成就是不朽的，他们的艺术贡献是不朽的，他们的艺术理念和钻研精神是不朽的！

高毅进：五子登科（鸡篓）

复得返自然

——程建中《田园之音》赏析

□于　帅

这件作品是由玉雕名家程建中设计创作，获得了2006年“百花玉缘杯”中国玉石雕刻精品奖银奖。此作品运用和田玉温润内蕴的特质，以田园景物为创作素材，充分体现了中国文化中万物皆有情的天然意趣。

作者娴熟地利用了镂空、立雕等技巧，以两朵盛开的喇叭花为主线，周身藤干蜿蜒攀升，连接朵朵含苞待放的小喇叭花。花叶穿枝过梗反转叠挖，层次分明，线条清晰，雕刻严谨，传达出无限的生命张力。更巧妙的是用糖色缀以蜻蜓、蝴蝶、甲虫、蝉、螳螂、黄雀等田园常见的动物，个个栩栩如生，暗喻了一甲及第、飞来喜讯之意。尤其生动的是一只螳螂爬在花叶尖部，细长的四肢牢牢地扒着，好像对眼前的蝉伺机而动，却未发现后面的黄雀正洋洋得意地窥探。一幅螳螂捕蝉、黄雀在后的有趣情景，洋溢着勃勃生机，谱出一曲夏日清音。整个画面呼之欲出，动静相映成趣，令人叹为观止。

这件作品体量感厚重，而细节处玲珑剔透。雕工明快简洁，自然顺畅。喇叭花上的螳螂腿几乎是一触即断的，可以说是将精雕细刻发挥到极致的经典之作。57千克的原料，雕成作品已不到3千克，由月海轩玉雕技师历经3年雕琢而成。玉雕是一种不允许犯错误的艺术，为了这件作品的尽善尽美，技师在心安气定之时才进行雕琢，否则稍有差错，轻则抱憾终身，重则前功尽弃。

这件作品采用了俏色技法，一块玉料中的白色与糖色形成对比，更能表现田园题材的清新灵动。“俏色”是指在一块同时具有两种以上不同颜色的材质上，利用自然的颜色分层巧妙地加以雕刻。这种方法往往更具设计美感，可以增添作品情趣，美化作品意境，提升作品价值。和田玉是一种价格昂贵的材质，制作者必须在充分了解这一块材料特点的基础上进行艺术创作，使艺术形象之美与玉石质地之美融于一体。玉石材料本身的形状、纹理决定了玉雕成品的题材和造型等方面，一切工艺都力求体现出玉质本身的美感，达到天人合一的境界。随着现代玉器市场的逐步繁荣，人们对玉器的需求渐趋理性，不再片面追求玉材价值，而是将鉴赏重点转向富于艺术构思的作品。创作者能否成功利用俏色，取决于审美经验、雕刻技艺以及对原料的判断能力。这对玉雕从业者的职业技能提出了更高的要求，是一个巨大的挑战。这件作品凝脂般的柔白玉质表现了田园题材的清雅韵致，莹润的糖色更突

扬州玉器佳作赏析

出了活灵活现的田园生物形象。两者互相衬托，相得益彰，使玉材的天然之美与雕琢的人工之美达到高度和谐的统一。

作品还带有诗一首，作品中的自然情怀于此也可见一斑：

一夜春雨，沐南苑两枝清蕊。
招三蝉四蝶，五颜六色，
与七彩霓虹相映辉。
更喜八足甲虫，拨弹九歌之韵，
生机十足堪沉醉。
十驾轻云，借女娲九天奇石。
经八山七海，六峰五湖，
与四方知音共品题。
再凭三生圣手，镂刻二仪之象，
天下一绝自成诗。

田园题材是中国传统文化中重要的篇章，古往今来，文学、美术等各门类艺术作品中不乏野趣丛生的田园风光和自然意象。玉器具有材质润泽之美和造型优雅之美，这两者所共同表现出的清净恬淡的中国古典气质，与古代知识分子寄情自然的隐士情怀不谋而合。他们崇尚自由隐逸的闲适情趣，追求无拘无束的心灵境界。早期隐士善卷在拒绝舜禅让天下的美意时，曾表示："余立于天地之中，冬日衣皮毛，夏日衣葛絺；春耕种，形足以劳动；秋收敛，身足以休食；日出而作，日入而息，逍遥于宇宙之间而心意自得。"中国古代正直知识分子淡泊名利、珍视自我，向往自由的人格理想与精神境界，是中国古代文人一以贯之的优良传统。他们摆脱名利的羁绊，顺应自己的志趣，并在田园生活中不断完善自我独立人格，寻求自身与自然的统一。和田玉外表温润而内质刚韧，是最符合古代君子品格的材质。这件作品用和田玉表现田园题材，在悠闲随性的画面下更见清傲风骨。

这件作品轻松含蓄、生动自然，田园情景历历在目，又更有物外之趣。现代人由于客观条件的限制，很少有机会如古人一般回归山林逃离人生烦忧，在自耕自食的田园生活中寻求自然的庇护，但精神的疲倦、情绪的焦虑使他们同样寻求宁静温馨的精神家园。这件作品寓情于器，借物抒怀，渗透了寄情山水田园的隐逸情怀，与这一悠久的中国精神传统保持着密切的联系。作品中表现出一种自由自在、无拘无束的思想状态，给予了观赏者与自然进行精神接触的机会。虽身处车水马龙的繁杂喧嚣，却不禁忆起童稚时一阕幽悦蝉鸣，这也是一种心灵的归隐。

顾永骏　瑶台步月

薛春梅　珊瑚人参福娃

高毅进　岁岁平安

高毅进　猫蝶富贵

汪德海　羽鹤仙踪

扬州玉雕　八宝瓶

扬州玉雕　春江花月夜

扬州玉雕　风雨夜归人

扬州玉雕　春江图

扬州玉雕　桃源行

扬州玉雕　荷塘夜色

扬州玉雕　欢天喜地

扬州玉雕　金皮籽料

扬州玉雕　金色荷塘

扬州玉雕　纳福童子

扬州玉雕　擎天一柱

扬州玉雕　童子骑鹅

扬州玉雕　舞龙拍鼓

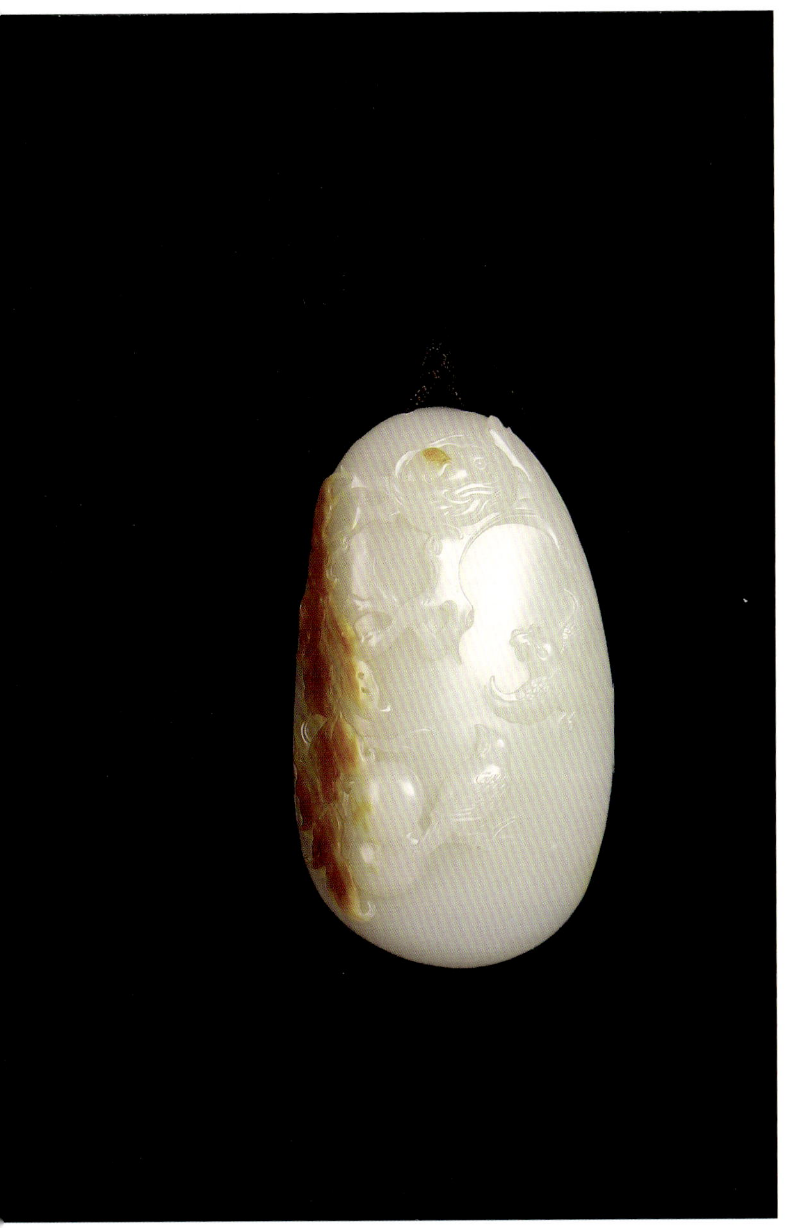

扬州玉雕　喜事连连

扬州玉雕　夏日柳阴

扬州玉雕　墨玉鼎

扬州玉雕　碧玉香熏

西域玉器

西域玉雕艺术的概况及风格

□高　健

一、西域玉雕概况

新疆故称西域，是玉石之路和丝绸之路的要冲。千百年来，驼铃叮当，玉商相随，跨隔壁，越沙漠，过草原，沟通内地与欧亚各国。在西域这片广袤的土地上，多个民族在这里生活，繁衍生息。不同的习俗文化，不同的宗教信仰在这里碰撞融合，形成了独具特色的地域文化。新疆和田是玉料的主要产地，不仅为璀璨的中国玉文化提供了玉材之母体，成为国家之宝，皇家之宝，连城之璧，皇帝之玺。同时也孕育了西域玉雕文化。据史料记载，1980年在新疆罗布泊小河墓地发掘的玉斧就来自楼兰古城遗址，这是距今在新疆发现最早的玉器。宋人王延德在《高昌行记》一书中，记述高昌国人“冶金银铜铁为器皿，及攻玉”证明宋代时新疆的吐鲁番地区确有琢玉工艺。《皇明宝训》记载，永乐四年（1406年）“回回节牙思进贡玉碗”这是文献中记录在当时和田地区出现玉碗的记载。乾隆三十三年（1768年）一对雕有花叶纹的玉盘从叶尔羌贡入后，开启了乾隆皇帝的另一个窗口，开始收获来自西域的具有痕都斯坦风格的玉器。在乾隆四十三年已有江南玉工在叶尔羌建立自己的作坊，不但可以接受清廷的疆吏委托制作，成品也可以销往内地。清末后具有浓郁西域风格的琢玉工艺逐渐衰退，出现断层。直到1964年在新疆维吾尔自治区轻工厅高树人厅长亲自关心下，组建了新疆玉雕厂，由北京玉器厂派了六个师傅带着本地招收的38名学徒工开始了玉雕生产工作。1966年开始的后二十年里，新疆玉雕厂先后派几十名技工到北京玉器厂、上海玉雕厂、天津特艺厂、扬州玉雕厂，进行驻厂学习，使他们既学习了北派的雄浑大气，端庄富丽，敦厚古朴之技艺，又有南派灵秀俊美，圆润细腻，精巧雅致之风韵，为西域玉雕的成长发展奠定了坚实的基础。培养了当今一大批玉雕人才，使中国古老的玉雕传统艺术在西域这片热土生根开花结果。

二、西域玉雕风格

“风格”（genre）是一个抽象的艺术理论范畴的概念。它是“因气质而异”的结果，而“风格”是源于艺术家的内心，使形式与内容以特定方式统一起来的一种核心力量。西域玉雕风格就是在新疆这个多民族聚集地区，东西方文化交汇形成的一种特定的文化艺术符号，具有鲜明的地域玉雕工艺的文化符号功能。它彰显了西域文化的“融合”之灵魂。具体讲：汇集东西方文化为一体，融南北玉雕传统技艺之精华，集中表现新疆各民族文化艺术生活并有浓郁本土文化的玉雕表现形式。特别是当今，世界经济一体化时代，不同民族，不同文明之间交往的日益频繁，人们往往在五彩缤纷的艺术殿堂中寻一个交点，找出一个共性，以弥补本土艺术的不足，衬托本土文化精神的绮丽。从60年代至今经过新疆三代玉雕人的不懈努力和不断探索，经历了西域玉雕的三个发展阶段。

第一阶段：学习打基础

1966年至1984年是学习打基础阶段。主要是派出技工到内地驻厂学习，即第一代玉雕人的走出去向各家名师学习。学习南派，北派的传统玉雕技艺，为以后的创作打下了坚实的基本功。

第二阶段：艺术发展

赵敏：戈壁行者

1984年至1998年西域玉雕艺术的发展不是单向传播的结果，而是双向交流和交融的繁荣发展。新疆玉雕师从北京、上海、扬州等玉雕厂学成返疆后结合传统的玉雕理论和扎实的琢玉技法在各自的玉雕工作岗位上学习借鉴吸收。成为了一批行家里手。高佩琦、李继森琢刻人物，马进贵琢刻动物，赵炳富琢刻器皿，甘霖琢刻花鸟，赵敏琢刻山子、手把件。当然还有很多玉雕师，他们为西域玉雕的发展成果奠定了坚实的基础。

第三阶段：创新立派

1998年至今，西域玉雕经历了学习打基础，艺术发展阶段后培养了一大批玉雕行业的能工巧匠。目前新疆玉雕行业有中国工艺美术大师一名，中国玉雕大师八名：马进贵、马学武、赵敏、郭海军、樊军民、周雁民、陶虎、刘俭刚。还有新疆玉雕大

周雁明：半个月亮爬上来

师29名。邵飞、吴健就是其中的佼佼者。玉雕大师们的玉雕风格逐步融入了新疆少数民族文化、人物、景观玉雕作品，随着时间的不断变化，审美价值和玉雕作品表现的艺术内涵出现了质的飞跃。在交融和变异中促成了新质艺术的重建，显示出一种新的具有鲜明西域本土文化艺术的玉雕变现形成的基本结构和特征。马进贵从2001年开始研究创新伊斯兰风格的玉雕作品。对伊斯兰风格的工艺和艺术风格有了极深的理解和把握，并将金银错嵌宝石工艺运用到伊斯兰玉器、文房四宝、佛教法器中。

新疆玉雕大师赵敏琢刻的《戈壁行者》表现了一位维吾尔艺人骑着毛驴，弹着“都塔尔”自由自在行走在茫茫戈壁之中。人物造型准确，神态欢快，琴上系得装水葫芦为整个画面起到了画龙点睛的作用，这是他的生命之水、幸福之水、欢乐之水，点醒主题。

中国玉雕大师周雁明创作的《半个月亮爬上来》根据西部歌王王洛宾的歌曲而为。作品用和田玉中的羊脂玉雕琢清真寺，用枣红皮浮雕胡杨林，小溪旁的两个少女抬头望着天空的半个月亮，人与沙漠胡杨远在天边近在眼前，呈现大与小的对比，远与近的变化。用小籽料雕刻的沙漠、胡杨林和骆驼的画面表达了作品深邃的时空观，将这首传世经典歌曲穿越了人心和时空，具有较高的审美和艺术意境。

西域玉雕经过近五十多年的不断探索，特别是近十年以来，一大批玉雕人通过对西域历史文化的解读和民族感情的感悟，用玉雕语言重新排列组合、演化、创

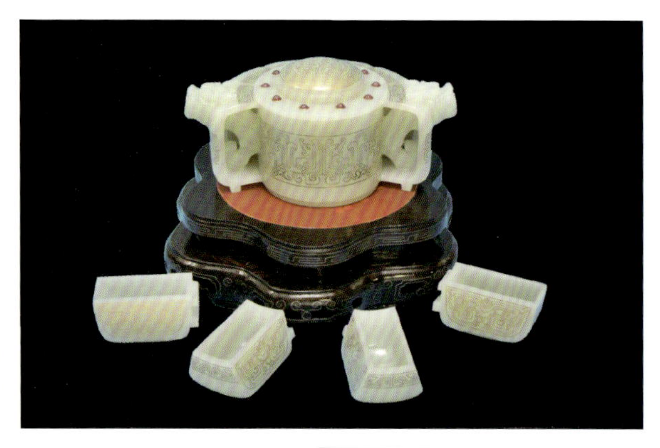
马进贵：白玉错金嵌宝石夔龙纹天下和谐组合壶

新，在他们的玉雕作品中充分体现了天地合、古今画、东西连、南北应的西域玉雕风格。犹如天衣，展露出西域玉雕创新的文化底蕴，折射出人性的高度和广度，放射出西域各民族文化大融合的灿烂光芒。

西域玉雕风格是西域玉雕所反映的艺术形象的特点，而它又是反映现实生活的艺术写照，以及玉雕师生命变化的特点和人的个性特点。玉雕师所创作的玉雕造型，纹饰都是他们自身捕捉现实生活的画面，蕴含着丰富的思想感情和对西域各民族生活实景的延伸和艺术的再创造。西域玉雕风格具体表现为：

其一，玉雕题材的多样性。

玉雕创作是在源与流的不断变化中不断发展成熟起来的。也就是说只有在继承传统玉雕的基础上才能不断发展，传统就是源，只有守住了这个根，守住了这个源，源才能流长，这个根源永远不能丢，丢了就不是中国玉雕了，丢了就不是东方文化了。时代在变，玉雕形式也要变，而且要将蕴藏在传统玉雕中的民族文化主体精神以现代审美观念加以审视，以自己的艺术气质和艺术思维改造利用，形成富有个性的新形式，新符号。让西域玉雕既具有传统观念的内涵，又有现代生命的实质。

马进贵是新疆唯一的国家工艺美术大师、国家玉雕大师。他创作的玉雕既有传统的器皿：鼎、炉、熏瓶、壶、文房珍品、佛教法器，又有具有鲜明的伊斯兰风格的玉雕作品。《白玉错金嵌宝石夔龙纹天下和谐组合壶》是根据中国聚散开合而灼然成象的哲学理念，有分有合。分和互变的智慧形式而创作的。作品由八瓣菊花杯聚合在壶体四周，既聚为盒，寓指和谐、和气、和美，归平淡。泡壶茶，观其壶、品其韵。在这轻松的格调中却蕴含着深刻的审美追求，给人以心灵的真、人性的善与精神的美。达到了“以器载道”的艺术境界。

国家玉雕大师马学武既有传统器皿的精髓的艺术展现，又有现代抽象的风格的艺术审美。如用羊脂玉雕琢的《望子成龙壶》和《官上加官罐》。

马学武：望子成龙壶

马学武：官上加官罐

中国玉雕大师郭海军雕琢的《人生如意》，作品雕琢精细，参藤舒展，参顺嫩条，相互交叉，玲珑剔透。籽料雕刻的《达摩》，表现了“因材施艺”“依色取俏”的高超技艺，寻求了达摩“无量的光”和“无量的寿”的无限神意。

中国玉雕大师陶虎雕刻的《世世清廉》作品巧用玉料俏色，造型精确，极富动感，动静相结合，形神俱精，意境恬淡深远。

樊军民大师创作的《青玉三足匜》《青玉葫芦瓶》《秋意提梁壶》造型丰腴，端庄大方，线条优雅，合理布局，厚实华滋，朗润细糯。在器皿造型和纹饰后隐藏着精细的表现力和扎实的玉雕技艺，在貌似简单的构图和章法中，让观者能够在审美的艺术过程中咀嚼和品味作品的艺术美感，善于运用历史典故，表现传统题材，具有强烈的艺术感和冲击力。在作品中时空的安排十分着意，画面清晰干净，简和繁的变奏，大小的增减对比，在柔中见刚，画中见情，情中见意，意中生韵，敏锐灵气，类型多元，将美学中的性灵与情趣达到了完美的组合，这些是樊大师作品中的显著特点。

其二，本土文化精神的鲜活性。

本土文化精神就是该民族的传统文化的最深根源，反映了他们的生活，生存方式，保留着本土文化的原生

郭海军：达摩

陶虎：世世清廉

樊军民：青玉三足匜

状态，以特有的思维方式、心理结构和审美观念体现了新疆各族人民独特的历史文化发展的踪迹，代表着鲜明的文化精神，蕴含着新疆原生态的文化基因，是本土文化的直接体现，有着重要的艺术和文化价值。新疆玉雕大师用和田玉雕的艺术形式表现本土文化，表达新疆各民族的精神格调、民风民俗，形成了具有西域特色的玉雕派别。马进贵大师是回族但他以西域多元文化为根基，提倡不同民族、不同信仰之间的相互包容，相互学习，坚持创新立派，创作出伊斯兰风格玉雕、佛教法器、文房珍品、传统风格四大类型风格的玉器作品，他的创作艺术主题是伊斯兰玉雕风

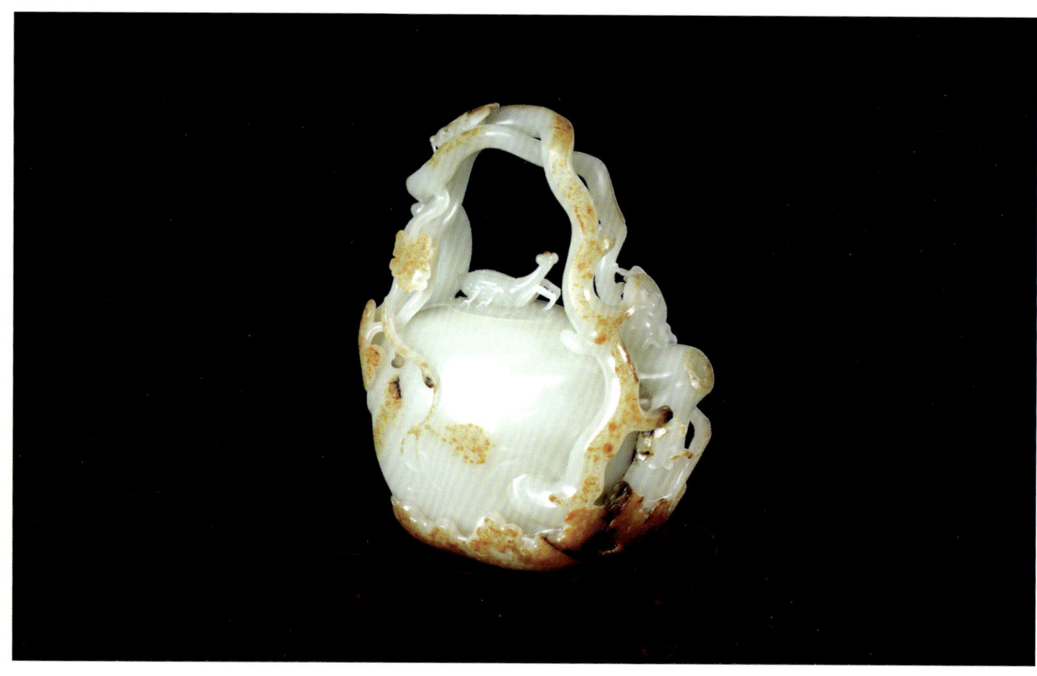
樊军民：秋意提梁壶

赵敏：赶巴扎

格，他以极为深厚的艺术涵养，来表现现实生活中的艺术之美。

赵敏大师在近几年来着力表现少数民族题材的玉雕艺术，其中《赶巴扎》表现的维吾尔族一家四口乘毛驴车去赶巴扎，其造型应用写实的手法，再现了一家人其乐融融的生活画面。男主人弹着冬不拉，吟唱出新生活的幸福和喜悦，悠扬的歌声回荡在昆仑山，达到天人合一的艺术意境，显示出较高的玉雕水平和捕捉生活的艺术功底。作品在上海世博会上称为极品。

《鹰笛》再现了一位塔吉克男子专注吹奏鹰笛，翱翔在蓝天的雄鹰仿佛听到优美的乐声后款款飞来。把鹰的民族——塔吉克人民热爱生活的形态表现得淋漓尽致。

周雁明大师《阳关西行》等青花黑白的颜色，巧用墨玉琢刻山峦，用白玉浮雕祥云和骆驼。人物骆驼神态各异，在浩瀚的沙漠中行走，栩栩如生。折射出古丝绸之路的悠久历史和西域本土的文化精神。

季羡林讲“全世界历史最悠久，范围最广泛，自成影响又影响十分深远的文化有四个，那是中国文化，印度文化，希腊文化和伊斯兰文化。再没有第五个了。诚然这个文化的交汇处只有一个，那就是中国的敦煌和新疆”。

西域玉雕是一个心灵感悟世界的艺术。艺术是解决人在自然和社会之间生存状态的问题。新疆玉雕大师们创作的西域玉雕艺术，绝不是从传统的玉雕形式中翻拣复变出的“新样式”，而是他们深入昆仑山的采矿点，深入新疆各民族生活之中，

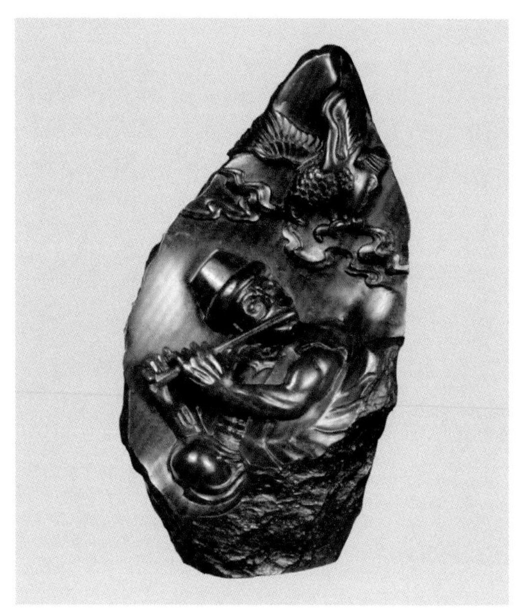
鹰笛

体验各族人民的生存状况和文化情境，再现了本土文化的典型性，唯一性和独特性。对这种客观现象进行筛选与强化，达到心象的物化和具体化。并将用玉雕语言将其凝固起来，使它产生宏大的视觉张力和冲击力的艺术魅力。西域玉雕艺术是新疆本土文化不可缺少的养分，是对传统玉雕的继承和发展。而这种延续汇入了中华文化复兴历史长河，形成了西域玉雕这个崭新的艺术风格。

（本文作者高健为新疆工艺美术协会副秘书长、新疆宝玉石首饰行业协会副秘书长）

西域玉器佳作赏析

相金钉宝抚无迹　簇叶攒花视有情

——马进贵《白玉错金嵌宝石西番壶》赏析

□于　帅

作品《白玉错金嵌宝石西番壶》由中国工艺美术大师、中国玉雕大师马进贵精心设计创作而成，具有鲜明的民族地域特色，体现出迥异于中原的伊斯兰装饰风格。这件作品在首届“新疆和田玉精品展示会”上获金奖，之后于2004年11月又在中国玉雕最高奖“天工奖”评选中获得银奖。

作品采用新疆和田产白玉籽料，质地细糯缜密，油润度极佳，造型规整大气，工艺精致流畅，极具西域文化特征。壶体上方下圆，方圆结合，长颈、鼓腹、圆足，西番草壶把，拱形壶盖，壶流下饰“真主是独一的”阿拉伯文字，并配有二杯一盘，使作品显得更加丰富完整。作品的装饰以伊斯兰特色的莨菪纹为图案，图案采用金银错嵌宝石工艺，金丝、金片与天然红蓝宝石结合镶于玉料之上，错金嵌宝平整光滑，使整件作品显得雍容华贵、典雅大方。

作品的器型源于新疆维吾尔族阿不都瓦壶，具有鲜明的民族风格。马进贵为体现新疆地域特色，不辞辛劳两度赴喀什采风，终于选定伊斯兰传统器型阿不都瓦壶为原型。这是一种用以盛水洗手的铜壶，深受维吾尔族人民喜爱。马进贵结合清代八方杯的中原文化元素，将壶身由阿不都瓦壶的瓜棱形改为八角形，传统的叶形壶嘴也改为线条更为流畅的弧形长嘴。整体造型经过反复琢磨修改，既顿挫有致，又圆润优美；既保持西域风格的独特韵味，又富有中原文明的端庄典雅。

这件作品还在壶流下饰有“真主是独一的”阿拉伯文字。这种在壶身饰以民族文字图案的做法，也是伊斯兰传统装饰手法之一。为了了解这种独特的民族文字纹饰，马进贵经过多方咨询学习，收集了很多阿拉伯语、维吾尔语先哲们意蕴隽永的哲理语录，融合了多种书法风格，将民族文字设计为一种精美图案镶嵌在玉雕作品中，也增加了作品的文化内涵。

在中国源远流长的玉文化长河中，一种极具异域风情的玉器形式曾大量出现并广泛流行，这就是兴盛于乾隆时期的痕都斯坦玉器。痕都斯坦玉器脱胎于伊斯兰世界的诸多艺术形式之中，融合波斯、印度、欧洲、中国的艺术风格于一体。它造型别致、胎体透薄、花纹流畅、装饰精美，部分器物上镶嵌有金银丝片和彩色宝石，富贵华美、绚丽多彩的风格是其一大特色。痕都斯坦玉器对中国传统玉器产生了重大影响，由于乾隆的青睐，它影响了清宫造办处的玉器制作，随后又逐渐影响到苏州专诸巷等皇家琢玉基地，出现了大量仿制的“西番作”。“西番作”玉器并没有

亦步亦趋地复制痕都斯坦玉器，而是吸收西域装饰技法，结合中国传统工艺，创造出带有西域风格的中原玉器，中国玉器发展的历史上也藉此出现了一抹亮色。

金银错早在商代的青铜器上就有出现，痕都斯坦玉器则书写了金银错和玉器结合的新篇章。金银错工艺是根据设计需要在器物上绘出图案，依照图案錾出槽沟，再将高纯度金银材料拉出细丝或压成薄片嵌入图案中，构成材质对比交错的独特艺术效果。由于玉材自身易碎的特性，金银错玉器对工艺要求极高。乾隆之后国力不济，随着一代玉工的逝去，金银错玉器工艺也逐渐走向衰落。建国后，北京玉雕厂潘秉衡等老艺人尝试恢复了金银错镶宝石玉器的制作。马进贵大师经过多年的钻研探索，雕琢出多件极具代表性和影响力的金银错镶宝石玉器作品，成为当代玉器行业的独特风景。

乾隆爱玉，一生咏玉诗有三百多首，咏痕都斯坦玉器的就有七十多首。其中咏于乾隆四十年的一首，赋予马进贵大师的这一现代作品仍然贴切：

量材为器匪琼英，工致讶难意想成。
喀吗匠能逞彼巧，专诸人或逊其精。
相金钉宝抚无迹，簇叶攒花视有情。
每忆旅獒篇着训，摛吟还觉愧平生。

《白玉错金嵌宝石西番壶》这件作品构思巧妙，以和田玉的温润高洁为基调，加之金银宝石的绚丽华美，形成了巧夺天工的绝妙配合。这件作品工艺复杂，制作周期长，工作量大，完成难度极高。它的纹饰精美绝伦，器表却很难看出雕琢痕迹，抚摸时也没有高低起伏之感。这件作品是集中原文明与边疆风情于一身的精品佳作，是玉雕大师调动诸多创作手段使艺术和情感达到完美统一的结果。西域作为古代东西方两大文明交流融合之地，在中华民族多元文化的形成和发展中具有非常重要的地位。马进贵大师作为生活在新疆的回族人，将真挚的情感融入对民族文化的不懈追寻，用精湛的玉雕技艺在这片血脉传承的土地上谱写出了新的文化传奇。

马学武　大象无形（图片提供：博观广告）

马进贵　白玉错金嵌宝石莨菪纹花瓣壶

马进贵　白玉错金嵌宝石金刚铃

马进贵　墨玉错钯金嵌宝石西番壶

马进贵　青白玉错金嵌宝石阿不都瓦壶

马进贵　水晶错金嵌宝石圣水杯

樊军民　青玉提梁壶（图片提供：博观广告）

后　记

《玉中瑰宝——清代至当代玉器精品集萃》出版的缘起是北京潘家园市场玉器展，该展自2006年起至2011年，举办长达六年，每年展览，均以古玉为主，间或展些当代玉器。开始几届，展品颇精，深受社会各界好评，最后因受展品来源有限而停办。这几年的展览，每年都出一本展览图录，但这些图录基本就是参展器物的图录，没有研究与评论。

2013年又准备接续潘家园的玉器展览。今年的展览与往届思路有所不同，往届展览多集中在古玉方面，一来好的古玉已经展过，展品来源枯竭；二来当代玉器已经成为新的艺术品收藏门类，受到越来越多人的关注。为适应这一情况，今年的展品侧重于当代玉器作品的展出。在今年展品的基础上，我们编撰了这本《玉中瑰宝——清代至当代玉器精品集萃》，本书既有展览展品，又有清代至当代的玉雕精品，源于展览而不拘泥于展览。内容涵盖清代玉器，大量的还是当代玉器，而且是当代精品玉器。

本书的亮点在于研究性的文章居多。既有主编于明的《当代和田玉器面面观》，也有故宫博物院张广文先生所撰《清代玉器概述》，还有白静女士、琢朴先生、马健庭先生、刘月朗先生、高健先生对京派、海派、苏州、扬州和西域玉雕所做的研究与分析，这些高水准的论文，成为本书的一大特色，它们为中国玉器的流派研究打下了基础，也为进一步研究中国当代玉器的状况提供了基础资料。

本书的出版，得益于多方人士，在此一并表示感谢！首先感谢北京潘家园国际民间文化发展有限公司董事长崔新未先生，由于他的大力支持，玉器展览得以进行、本书得以出版；感谢潘家园市场的师俊超先生，在他的具体操办下，展览得以顺利进行；同时感谢主编于明的几位北方地区的朋友，由于他们精神及物质的支持，使得本书顺利出版；还要感谢本书的三位副主编：赵计海先生、师俊超先生、方兴先生，在他们三位的大力协助下，本书顺利成书；最后感谢科学出版社闫向东先生、孙莉女士，感谢他们在本书编校过程中的努力，特别感谢闫向东先生为本书命名；同时感谢博观广告为本书提供照片。

于明

2013年7月